PROMENADE

A TRAVERS L'EUROPE

DU GOLFE DE FINLANDE

A LA MER CASPIENNE

ET

AU PAYS DES MONTÉNÉGRINS

25 Juillet 1891 — 15 Avril 1898

MONTLUÇON
IMPRIMERIE A. HERBIN

1898

PROMENADE

A TRAVERS L'EUROPE

DU GOLFE DE FINLANDE

A LA MER CASPIENNE

ET

AU PAYS DES MONTÉNÉGRINS

25 Juillet 1891 — 15 Avril 1898

MONTLUÇON

IMPRIMERIE A. HERBIN

1898

Encore un mot à mes Amis

Pour cette fois, voici ma Préface :

Après vous avoir donné la petite relation de mon voyage aux Indes, vous m'avez fait tant de compliments que j'ai presque cru que je les avais mérités. Et puis chacun me disait : Mais ce n'est pas fini, vous devez avoir bien des notes, et bien des souvenirs dans vos cartons, nous attendons la suite.

Et je me suis laissée aller doucement, doucement, à cette petite vanité. Je n'ai pas su résister à vos aimables et pressantes sollicitations ; je suis allée déterrer un voyage en Russie, oublié dans un coin, et je vous le livre.

J'y ai joint la Bosnie, l'Herzégovine, le Monténégro ; contrées peu connues, peu explorées, que nous avons visitées pour la première fois avec un petit groupe d'intrépides, qui ne craignent pas de supporter quelques fatigues pour voir, pour s'instruire, et pour aller à l'inconnu.

Si cette seconde relation vous ennuie, c'est que le sujet y prêtait moins : rien ne peut égaler les pays du soleil.

Ne me le dites pas, je ne recommencerai plus.

Une Marchoise.

Évaux-les-Bains, 8 Juillet 1898.

PROMENADE
A TRAVERS L'EUROPE

Cologne, mardi, 28 juillet.

On m'a dit hier que nous étions treize pour faire le voyage de Russie ; et, sur ce nombre fatidique, trois personnes doivent nous quitter à Nijni-Novgorod ; de sorte que nous resterons dix seulement pour faire le grand tour par la Mer Caspienne. Pour une voyageuse comme moi ce n'est pas effrayant : parcourir la Russie, du Nord au Sud, c'est déjà quelquechose, mais ce n'est pas encore le Tour du monde.

Ce matin j'étais, à sept heures, à la gare du Nord, avec les quatre dames de la caravane qui ont voulu éviter une nuit passée en chemin de fer. Une nuit, quand nous en avons tant en perspective, cela en vaut bien la peine !

Nous arrivons à Erqueline, et nous commençons à faire connaissance avec la douane belge ; heureusement la *révision* est bientôt faite et nous filons sur Namur. De Namur à Liège nous avons constamment sous les yeux de belles habitations, de beaux parcs, de hautes cheminées d'usine, les collines sont boisées, et la ville de Liège nous apparait avec ses nombreuses manufactures. Elle est agréablement située, et je regrette de passer si vite. Nous suivons quelque temps le cours de la Meuse, puis la Belgique disparaît : nous sommes à Cologne.

A Cologne nos moments sont comptés et nous courons à la cathédrale. C'est un superbe monument gothique ; c'est une forêt d'ornements, de clochetons, avec deux tours gigantesques qui m'ont paru un peu lourdes. Combien je préfère la jolie flèche à jour de la cathédrale de Strasbourg, gracieuse et légère, qui s'élève si majestueusement vers le ciel. Pauvre Strasbourg ! ville si française qui nous a été arrachée violemment, et qui pleure la patrie perdue, tandis que la France ne peut se consoler ni se guérir de la blessure qui lui a été faite.....

En rentrant à l'hôtel de Mayence je fais une rencontre inattendue : ce sont d'anciens compagnons de voyage qui reviennent de la Norvège et du Cap Nord où ils ont admiré le soleil de minuit, tandis que nous filons sur la Russie et la Mer Caspienne. On reparle de la Grèce, de Constantinople ; puis on parle de la Norvège qu'ils viennent de voir et de la Russie que nous allons visiter. Quelques-uns, tout enthousiasmés de ce spectacle incomparable du soleil de minuit, de ces magnifiques aurores boréales, de ces chutes grandioses, de ces fiords, de ces glaciers, ne cessent de nous exprimer leur ravissement. Nous espérons voir des choses plus merveilleuses encore, et nous leur vantons les chutes d'Imatra, les splendeurs du Kremlin et les cîmes neigeuses du Kasbett. On est content de se revoir lorsqu'on a fait de longs voyages ensemble et l'on ne voudrait plus se quitter. Enfin, il faut se séparer ; on se souhaite bon voyage, et l'on s'endort.

Berlin, mercredi, 29 juillet.

Je suis à Berlin, et cependant j'avais bien promis qu'on ne m'y verrait jamais.

Nous étions six ce matin, le petit groupe qui avait devancé le départ, et nous attendions à la gare nos compagnons de route pour déjeuner ; mais le train avait une heure de retard, et chacun se précipite dans sa voiture, sans déjeuner. On espérait se reprendre à midi ; nouveau retard, et nous mangeons à deux heures pour la première fois. Bienheureux les plus avisés, qui avaient eu la précaution de mettre un morceau de pain dans leur poche ! Nous mourions tous de faim, et nous avons englouti, sans y regarder, la première cuisine allemande qui nous a été servie.

Premier agrément du voyage !

Le pays est riche et bien cultivé ; il ressemble à la Beauce, entre Paris et Orléans. Ce sont des champs de blé à perte de vue, des betteraves, de l'orge, de l'avoine. Que peuvent faire ces Allemands, de tant de blé puisqu'ils ne mangent pas de pain ? Toutes les gares sont bâties en briques ; il paraît qu'ils n'ont pas de pierres. Pourquoi n'en ont-ils pas pris en France ?

Hanovre est une très jolie ville, très régulière, avec de jolies maisons entourées de fleurs et de verdure. Puis la campagne devient monotone. J'admire l'Elbe en passant, large de deux cents mètres, et à 8 heures nous faisons notre entrée solennelle à Berlin.

L'hôtel de Rome a belle apparence, ma chambre est éclairée à la lumière électrique, et je viens de faire à dîner la connaissance de mes compagnons de route. Nous sommes bien treize. Tous me paraissent d'agréables voyageurs et voyageuses qui n'en sont pas à leur coup d'essai. Mon voisin de table est un petit blond qui pourrait passer pour un Allemand ; il est le seul qui n'ait pas voyagé et il débute par la Russie. M. Boud'huire arrive du Tonkin et déjà nous parlons de faire un jour le grand voyage de l'Inde.

Berlin, jeudi, 30 juillet.

Ce matin, première promenade dans la ville. Nous avons vu le Palais du vieux Guillaume, le Palais de l'Impératrice Frédéric et celui de Guillaume II qui ressemble à une caserne. Puis nous avons visité le Musée d'artillerie où sont exposés nos canons français à côté des tableaux qui représentent le Couronnement de l'Empereur à Versailles et la Paix de Sedan. C'est bien le salon des glaces ; c'est bien le Palais du Grand Roi, et l'Empereur Guillaume devait être très étonné de se trouver là. Nous passons vite, et nous ne pouvons nous empêcher d'espérer que la revanche viendra un jour.

Ce Musée est très bien aménagé et l'on y sent la

placé que tient l'art militaire chez les Allemands. Ceux qui ne l'ont pas compris étaient bien fous de nous avoir lancés dans une guerre qui nous a été si fatale, et de nous avoir jetés si légèrement dans la gueule de nos ennemis.

En suivant la galerie des costumes militaires nous trouvons les souvenirs particuliers de Frédéric III : ses costumes, ses couronnes, ses décorations, ses lauriers en or et en argent, et sa statue en guerrier antique. Et pendant que je regarde tous ces objets, je pense que celui à qui ils ont appartenu, et dont la fin a été si triste et si prématurée, était le même Fritz qui se battait contre nous, et que le vieux Guillaume appelait : mon Fritz. Aujourd'hui il est mort, et son fils, un autre Guillaume, porte la couronne et a pris possession du pouvoir qu'il lui tardait d'arracher à son père. Ah ! si nous pouvions, à notre tour, lui arracher notre Alsace et notre Lorraine !...

J'admire une belle collection d'armes, de cuirasses, de casques, de selles, des sabres circassiens ornés de pierreries. Puis je passe en courant devant d'autres tableaux qui représentent toujours leurs victoires et nos revers, et je me dis encore avec une certaine fierté qu'il faut que notre France soit bien glorieuse pour qu'ils soient si orgueilleux de l'avoir vaincue un jour.

Nous prenons le chemin de fer pour aller à Postdam, et nous trouvons trois landaus à la gare. Nous visitons le Château de Sans-Souci, bâti par Frédéric le Grand qui en fit sa résidence habituelle et où il mourut le 17 août 1786. Frédéric-Guillaume IV y est mort aussi en 1861, et c'est son frère, Guillaume I{o:r}, qui lui a succédé.

Le parc est vraiment royal ; le vestibule a belle apparence ; dans la première galerie on nous montre la toise qui servait à mesurer les soldats de la garde particulière du Grand Frédéric, et le cran d'arrêt mesure deux mètres cinq. C'est une assez jolie taille. Puis c'est le cabinet secret du roi. Au milieu se trouve la table ronde, qui par un mécanisme descendait jusqu'à la cuisine, et remontait chargée des plats qui composaient le dîner de ce Prince. Original, taciturne, il restait souvent une semaine entière sans voir personne et sans parler à son entourage. La chambre à coucher est tendue de soie bleu pâle avec décorations en argent.

De la fenêtre on aperçoit un arbre historique. Il paraît que les solliciteurs montaient dans ses branches et de là présentaient leurs pétitions, jusqu'à ce que Frédéric les vît ou voulût les voir.

Dans le salon se trouvent des panneaux où la Barberini est représentée sous plusieurs formes, et sur le mur on voit une toile où Frédéric joue de la flûte. Dans le grand salon, la statue du Prince d'Orange, et un grand tableau qui nous montre la gloire de la Maison de Brandebourg.

On passe ensuite dans les appartements de Frédéric-Guillaume III et de la Reine Louise ; puis les appartements de l'Impératrice Nicolas, Princesse de Prusse, qui furent habités par Napoléon en 1806. Dans une chapelle se trouvent les tombeaux de Frédéric le Grand, et de son père, Frédéric-

Guillaume, le premier dans un cercueil de zinc, le second dans un mausolée de marbre. En voyant le père et le fils réunis dans la mort, on se souvient de l'inimitié qui les séparait : le caractère violent et grossier de Guillaume s'accordant mal avec la nature fine, rusée et perverse de Frédéric.

Et tout autour sont suspendus nos drapeaux français, nobles dépouilles que nous saluons, le cœur serré, débris sanglants dans lesquels ont été ensevelies nos chères provinces de la Lorraine et de l'Alsace. Et c'est la mort dans l'âme, et les larmes dans les yeux que nous saluons ces chères reliques, en nous disant : Peut-être qu'un jour nous aurons notre tour....

Puis nous visitons le Palais de Charlottembourg, et l'on nous arrête à la porte, comme à l'entrée d'une mosquée, pour nous chausser de pantoufles de feutre, afin que nos semelles profanes ne puissent pas souiller les parquets du roi de Prusse. C'est à Charlottembourg que Frédéric III vint terminer sa courte existence d'Empereur d'Allemagne, et que la mort mit fin à ses longues souffrances.

La salle à manger date de Frédéric-Guillaume III ; sur les dressoirs sont des porcelaines et des faïences qui furent données en cadeau par les négociants. Des tapisseries des Gobelins représentent un tournoi et l'histoire de Don Quichotte.

Dans la chapelle j'ai admiré un beau Christ de Mentzel. Frédéric Guillaume et la reine Louise sont couchés côte à côte dans le sommeil de la mort. La reine Louise a les bras nus, les plis de sa robe recouvrent les pieds : c'est un beau morceau de sculpture. Elle est l'objet d'un véritable culte pour les Allemands et des fleurs sont toujours déposées sur sa tombe. L'Empereur Guillaume et l'Impératrice Augusta ont aussi leur tombeau dans la chapelle, et en voyant ce rapprochement on ne peut s'empêcher de penser à cette victoire d'Iéna qui nous a coûté si cher. Etrange destinée et terrible leçon ! Nous avions tout oublié, et il se sont souvenus !

Le nouveau Palais étant la résidence de Guillaume, on ne peut le visiter.

Nous voyons ensuite le Château de Babelsberg, qui était la propriété particulière du vieux Guillaume et son habitation préférée. Le palais est assez modeste : c'est une construction en briques avec un donjon où l'Empereur vivait très retiré avec sa famille. Nous visitons d'abord la chambre de l'Impératrice Augusta, son salon, son cabinet de travail ; le portrait de Guillaume II est à côté de celui de sa grand'mère. Puis le cabinet de lecture, la salle de concert, et la salle à manger des trois Empereurs : Alexandre II, François Joseph II, et Guillaume Ier. On y voit une belle collection de verres à champagne en vieux Bohême.

Nous passons dans les appartements de la Grande Duchesse de Bade, sœur de Guillaume : on y voit une belle peinture de Rosa Bonheur. Puix ceux de l'Empereur Frédéric, alors Prince héritier, une chambre à coucher bien modeste et bien bourgeoise, avec des tentures écossaises.

Enfin nous montons un escalier rempli de

cornes de cerfs, d'antilopes, et d'autres animaux, et nous arrivons dans la chambre de Guillaume Ier. Elle est ornée de photographies et de gravures militaires ; un fauteuil en bois, fabriqué par son Fritz, atteste que tous les Hohenzollern devaient avoir un métier manuel. Frédéric était charpentier. Le lit de Guillaume est un vrai lit de camp, les Allemands le montrent avec orgueil. Le cabinet de travail est rempli de portraits de famille, et, sur une table, sont rangés des petits bibelots qui sont recouverts d'une grille, dans la crainte que les visiteurs ne veuillent les dérober et les conserver comme des reliques. C'est ainsi que l'on nous montre toute espèce d'objets ayant servi à l'Empereur, et je ne vois pas ce qu'il y a d'intéressant à exposer ainsi toute la défroque de ceux qui ont vécu : vieux caleçons, vieilles chemises, souliers moisis, peignes ébréchés, brosses à dents quand ils n'avaient plus de dents. A moins que cela ne serve à rappeler à leurs successeurs la vanité des choses de ce monde, et à leur faire entendre qu'ils sont hommes, qu'ils retourneront en poussière, et que leur gloire finira souvent avec leur vie.

Berlin, vendredi, 31 juillet.

Il nous aurait fallu plusieurs journées pour visiter Postdam, mais nous allons en Russie, et il faut se restreindre. Ce matin nous avons vu le Palais Impérial, le Musée National et le Palais Bijou, qui renferme encore tous les souvenirs de la famille de Hohenzollern, depuis l'Electeur de Brandebourg jusqu'à Frédéric III.

Le Musée National contient de bons tableaux de Rubens, de Van Dyck, trois belles têtes d'Albert Durer, des Rembrandt, des Ruysdaël, quelques toiles de Murillo, de Velasquez, de Greuze, d'André del Sarto, et un charmant tableau de Raphaël : *la Vierge et l'Enfant Jésus*. Je ne veux pas oublier deux peintres français : *le Menuet* de Watteau, et une toile de Claude Gelée qui passe pour l'un de ses meilleurs ouvrages.

Le Nouveau Musée fait face à l'ancien ; du haut de l'escalier la vue de l'ensemble est remarquable. On n'y trouve que des tableaux modernes, et parmi ceux-ci le fameux portrait de Guillaume II à cheval, en hussard rouge.

J'en ai assez des Frédérics, des Guillaumes, et des Frédéric-Guillaumes !

Ce soir nous avons fait une promenade en voiture dans le Thiergarstern et dans la ville de Berlin. Le parc est beau, mais il est loin d'égaler notre Bois de Boulogne ; la ville est neuve, tout y sent le neuf et le parvenu. On voit que nos milliards y ont passé, et qu'il a fallu faire vite pour que la capitale de la Prusse fût digne d'être la résidence de l'Empereur d'Allemagne. Les maisons sont construites en stuc et ciment, ornées de statues, de colonnades qui visent à l'effet ; les magasins sont riches. Mais quelle différence avec ceux de Paris ! La ville m'a semblé froide, la foule est clairsemée, l'allée des Tilleuls m'a paru déserte ; cependant il y a un peu d'animation le soir, quand les bons Berlinois se transportent dans les brasseries, où ils soupent en famille, et boivent un grand nombre de chopes à couvercle.

La colonne de la Victoire, avec sa triple rangée de canons dorés, est lourde et écrasée, et la statue de la Victoire s'envole d'un air gauche et maladroit en tenant une couronne de lauriers. Il y manque un étage.

Les bas-reliefs représentent d'abord l'Empereur Guillaume félicitant le Prince Fritz après Sadova. Puis Sedan, l'Assaut de Belfort, et la rentrée triomphale des troupes à Berlin. Chaque jour des groupes d'enfants sont amenés au pied de la colonne, où on les prépare à la perspective des combats futurs, et des victoires nouvelles qu'on leur fait entrevoir. C'est ainsi qu'on entretient leur patriotisme et leur haine contre nous.

Je quitte Berlin avec joie et le cœur serré. Pourquoi notre jeunesse française n'y viendrait-elle pas à son tour pour apprendre et se souvenir ?

Varsovie, samedi, 1ᵉʳ août.

Nous voici à Varsovie ! C'est déjà la Russie, et ce devrait être la Pologne ! Pauvre Pologne !

Partis à minuit, nous étions à sept heures du matin à la frontière russe, où nous sommes reçus par des gendarmes qui nous demandent nos passeports. C'est bien la Russie, et un changement à vue de civilisation et de mœurs.

Lorsqu'on arrive en Orient, le premier mot qui frappe vos oreilles est celui de bagtchich : avec le bagtchich on obtient tout, et toutes les portes sont ouvertes. En Russie, c'est le passeport ; et, faute de ce document indispensable, le chemin vous est fermé, et le voyageur doit revenir en arrière. Le gendarme russe, — qui ne le connaît ? — porte des bottes, une casquette large, et un grand manteau gris de fer que les Russes ne quittent jamais. Nos passeports sont recueillis, portés au commissaire, et nous passons à la douane.

Les douaniers sont revêtus de grands tabliers blancs, et ressemblent un peu à des infirmiers d'hôpitaux. Ils se montrent bienveillants, et se contentent de nous enlever nos journaux, et jusqu'aux imprimés qui avaient pu nous servir à envelopper nos effets. Décidément la censure est rigide dans l'Empire du Czar. Un officier supérieur nous fait passer un à un devant lui ; il examine notre signalement, et nous remet le fameux passeport que nous devrons exhiber de nouveau dans chaque ville de la Russie que nous allons traverser.

L'opération étant terminée, nous remontons dans le train.

Nous arrivons à Varsovie, *Warzawa*, à deux heures. La première impression est triste. Les rues sont larges, mal pavées, et remplies de cloaques bourbeux où nos voitures s'enfoncent en nous brisant les os. Sur la place de la gare des *droschkis* à roues basses, et les cochers, *izvostschich*, avec leurs numéros dans le dos, s'agitent en tous sens et nous font leurs offres de service ; nous traversons une partie de la ville pour nous rendre à l'hôtel, et déjà je suis déroutée par l'indication des rues, et les enseignes de magasins écrites en caractères russes et polonais auxquels je ne comprends absolument rien.

Une promenade à pied est vite organisée. Nous ne pouvons faire dix pas sans rencontrer plusieurs de ces êtres malpropres, vêtus d'une longue redingote râpée et crasseuse, et coiffés d'une calotte noire, qui sont les Juifs polonais.

Tous les Juifs se ressemblent, mais ceux de la Pologne ont un type à part, et l'emportent sur leurs coreligionnaires. Les paupières éraillées et rouges, clignotantes comme celles des oiseaux de nuit ; le dos courbé, et la mine inquiète comme de pauvres chiens battus ; le corps dégingandé, et gondolant comme des eunuques de l'Orient ; toujours vêtus de loques, ou de longues lévites rapiécées qui n'ont plus de couleur locale ; enfin des papillottes en tire-bouchons qui retombent sur leur face jaune et émaciée, le nez d'un oiseau de proie, les ongles crochus et le regard fuyant : Voilà le portrait du Juif.... errant toujours jusqu'à ce qu'il ait trouvé une nouvelle Jérusalem, et c'est, en particulier, le Juif polonais.

Leur barbe, généralement rouge ou brune, est longue et hirsute, vraie broussaille qui pousse dans tous les sens et abrite quantité d'insectes. L'odorat est saisi du relent âcre qui se dégage de leur répugnante personne.

Nous parcourons le quartier qui leur est affecté. Chaque corps de métier est parqué dans un quartier spécial ; il y a une rue des boulangers, une rue des bouchers, une rue des corroyeurs, d'où s'exhalent des odeurs, ou plutôt des puanteurs épouvantables ; leurs réduits s'ouvrent sur la rue comme des caves. Ce sont des trous noirs où ils s'enterrent comme des renards dans leurs tannières ; on dirait qu'ils ont peur du soleil.

Varsovie est bâtie sur une hauteur qui domine la rive gauche de la Vistule. C'est une grande et belle ville de 400.000 âmes ; mais on sent trop que les Russes tendent à la décapitaliser et à en faire une ville de province. Les objets d'art et les musées n'existent plus, on a tout transporté à St-Pétersbourg ; les églises catholiques ne sont pas entretenues et tombent en ruines ; en revanche il y a une belle cathédale gréco-russe toujours déserte. Puis deux monuments élevés par les Russes, l'un à la mémoire des soldats polonais traîtres à leur patrie ; l'autre au Général Pasquewitch, qui a trahi la Pologne pour devenir Général Russe.

Varsovie, dimanche, 2 août.

Ce matin nous avons entendu la messe dans une église beaucoup trop petite pour la foule qui s'y pressait et qui avait envahi toute la place. Les Polonais sont profondément religieux, et les persécutions qu'on leur a fait subir, et qu'ils subissent encore, les ont affermis dans leur religion, et les empêcheront toujours de s'assimiler à leurs vainqueurs.

Nous visitons d'abord le Jardin de Saxe, où la haute société polonaise se réunit tous les jours, de six heures à dix heures, pour entendre une très bonne musique exécutée par un excellent orchestre. Au milieu du Jardin se trouve le pavillon des eaux minérales, et chaque Polonais peut faire sa cure à bon compte ; naturellement nous avons voulu en faire l'essai, et nous avons tous bu un verre d'eau de Marienbach.

Puis nous visitons l'Hôtel de Ville, le nouvel Opéra élevé par le Général Gourko, l'Eglise St-Antoine, le Palais du Gouverneur avec sa magnifique terrasse sur la Vistule, et les églises de Ste-Croix et des Carmélites, où se passèrent les scènes les plus sanglantes de la dernière insurrection polonaise en 1864. On nous dit que pour atteindre leurs victimes, les Cosaques escaladèrent avec leurs chevaux la double rampe de l'escalier qui mène à la porte du couvent, et tuèrent de leurs lances tous les malheureux qui s'y étaient réfugiés, hommes, femmes et enfants. La boucherie fut affreuse, on parle de dix-huit cents à deux mille victimes.

Et aujourd'hui encore la Pologne est loin d'être soumise, et la persécution n'a pas cessé. Mais que peut-elle contre la Russie ? Un instant elle avait compté sur la France. Pauvre France ! Elle aussi est impuissante, et ne peut que compatir et prier pour cette malheureuse nation, et lui souhaiter des jours meilleurs.

La piété des fidèles est touchante : les hommes prient avec ferveur, les femmes, agenouillées sur le sol, se prosternent dans de longues adorations ; les églises catholiques sont pleines, tandis que l'église russe est déserte. La religion, l'attachement à leur sol, à leur langue, voilà tout ce qui reste à ce peuple, autrefois si noble et si fier, qui porte si haut le sentiment national. On parle toujours, à Varsovie, de Mourawief, surnommé le Tigre, à cause des horribles exécutions qu'il ordonna en 1864. Les Cosaques, en vrais sauvages, égorgeaient tout ce qui se trouvait à leur passage, et portaient les enfants tout pantelants au bout de leur pique. L'Archevêque de Varsovie mourut empoisonné. Il n'est donc pas étonnant que ces souvenirs soient encore trop poignants dans le cœur des Polonais, et qu'ils vivent à côté de la Russie sans s'y annexer.

Varsovie, lundi, 3 août.

Aujourd'hui nous passons la Vistule pour aller au faubourg de Praga. Le pont Alexandre est en fer, il est supporté par cinq culées, et la Vistule, à cet endroit, a bien cinq cents mètres de large. Il faut huit à dix minutes pour le traverser à pied. Nous rencontrons une masse de voitures et de piétons ; tous ces cochers portant derrière leur dos le numéro de leur voiture produisent un effet singulier ; nous sommes accostés par une foule de mendiants et de loqueteux de toute sorte, et nous ne sommes pas embarrassés de nos kopecks.

Nous visitons le Palais Lazienki, résidence d'été du Général Gourko, Gouverneur de Varsovie. Il a été construit par Auguste Poniatowski, et il était aussi l'ancienne résidence des rois de Pologne. Le parc est superbe, les allées magnifiques, l'orangerie est immense, et les orangers sont les plus beaux que j'aie vus... en serre. Le château a une belle apparence, mais on ne peut le visiter. Il me semble que le Général Gourko n'est pas à plaindre, puisqu'il a la demeure d'un roi, et peut-être son autorité.

Il a fait construire dans le parc un théâtre qui ne manque pas d'originalité. La partie de la scène se trouve dans une petite île, tandis que les spectateurs sont placés sur des gradins en amphithéâtre, séparés des acteurs par un petit bras d'eau. On y donne souvent des ballets et lorsque cette scène champêtre est éclairée à giorno cela produit un charmant effet.

Nous montons en voiture, et nous nous dirigeons vers un château princier, le château de Willanova, résidence de Sobieski. Il est habité maintenant par la Comtesse Potocka. Le tombeau de Sobieski est dans le parc, en avant du château ; quatre statues aux coins représentent des guerriers qui veillent sur son sommeil.

La façade du Palais est très imposante, et des bas-reliefs nous donnent les principaux faits de la vie de Sobieski ; le vestibule est orné de statues et de tapisseries, et l'on passe dans les appartements du roi, conservés tel qu'ils étaient, avec le même mobilier dont il se servait à sa mort.

C'est d'abord la chambre où il mourut. Les portes sont en bronze avec des bas-reliefs représentant la vie du Christ. Dans la chambre un grand christ en mosaïques, le portrait de Louis XIV, et une quantité de souvenirs des guerres contre les Turcs : des cimeterres, des selles, le sabre de Sobieski, celui d'Etienne Bathory, et un plateau donné par la ville de Dantzig. Puis, dans le cabinet, le buste de Sobieski, des émaux de Limoges, des portraits, des miniatures, un coffret en mosaïques de Florence, la Rose d'or offerte par le Pape à la Reine, et un meuble superbe en ivoire et écaille, donné également par le Pape pour récompenser le sauveur de la chrétienté.

Dans le boudoir de la Reine les parquets en fine marqueterie sont parfaitement conservés, les meubles, les tentures, les tapisseries sont du temps de Sobieski ; et l'on y voit le buste de Marie Casimir, de la Duchesse de Berry, de Sapteha, de Zamoïski, et de Janobloski.

Nous montons au premier étage, où sont réunies de belles collections de Chine et du Japon rassemblées par les comtes Potocki. Les chambres à coucher sont tendues d'étoffes chinoises avec meubles pareils, et un petit salon, tout blanc et or, est un vrai bijou. Sur le plafond, des amours tressent des couronnes, et dans les vitrines des vases du Japon, des émaux et Chine, et une belle collection de porcelaines de Saxe. C'était le rendez-vous favori de la Reine Marie Casimir et de ses amies : Mesdames de Lafayette, de Maintenon, de Montmorency, dont nous admirons les portraits ravissants.

La galerie de tableaux contient des toiles excellentes. J'ai remarqué surtout plusieurs sujets de Greuze. Puis des objets d'art : tables en mosaïques, vases étrusques, boucliers, un autre grand vase en porphyre et plusieurs souvenirs de Sobieski réunis par la famille Potocka.

Quel dommage que ce ne soit pas la Pologne au lieu d'être la Russie ! Les Polonaises sont jolies, gracieuses ; elles ont un joli teint, de beaux cheveux blonds, et elles ont conservé le costume national qu'elles portent avec distinction. Notre hôtel est bon, et les repas sont si copieux qu'il y a de quoi mourir d'indigestion.

Voici un échantillon de la cuisine polonaise : d'abord le zakouska, composé de caviar de poisson fumé, arrosé d'un petit verre d'eau-de-vie,

Puis le potage, *chlodnik*, dans lequel il entre des œufs durs, de l'esturgeon; des concombres, des betteraves et du lait aigre.

Une entrée de bœuf et de mouton, hachés ensemble, et cuits au jus de betteraves.

Des poissons, anguilles, sterlets, à la sauce tartare.

Un filet de bœuf farci sur une purée de blé noir, et un superbe cochon de lait à la crême.

J'en passe, et des meilleurs, tels que les écrevisses à la polonaise, c'est-à-dire au lait aigre.

Ce soir nous quittons Varsovie à minuit et nous partons pour St-Pétersbourg.

St-Pétersbourg, mardi, 4 août.

Je suis donc à St-Pétersbourg, capitale de la Russie et du Grand Empire des Czars! Il y a si longtemps que je pense à ce voyage, que je vois la Russie avec ses steppes immenses, ses horizons sans limites ; il y a si longtemps que j'ai entendu parler de ce peuple à demi sauvage que Pierre le Grand et la Grande Catherine ont essayé de civiliser, que je crois rêver encore. Et cependant je suis bien éveillée, je suis bien à St-Pétersbourg, et tout d'abord je dois dire que mon impression est grandiose. De la gare à l'hôtel de France, il me semble que nous avons parcouru plusieurs kilomètres ; les rues ont au moins cent mètres de largeur, l'hôtel est beau et ma chambre est superbe.

Il y a loin de Varsovie à St-Pétersbourg, environ onze cents kilomètres ; on nous avait annoncé trente-deux heures de voyage et nous n'en avons mis que vingt-quatre, grâce à la formation récente du train rapide du soir. Les locomotives, en Russie, étant chauffées au bois, vont en général assez lentement ; mais, les distances étant toujours longues à parcourir, les wagons russes sont surtout installés pour y passer la nuit. Dans les voitures de seconde classe tous les voyageurs peuvent s'étendre sur les banquettes, et de secondes banquettes se renversent sur les premières et font des lits très confortables ; d'autant plus que les Russes ont l'habitude de voyager avec un lit complet. Pour nous, qui étions en première classe, nous avions un fauteuil qui se déployait en couchette au moyen d'un mécanisme, et nous étions relativement très bien.

Le pays est pauvre et très plat, les gares sont construites en bois, la voie est si droite qu'on l'aperçoit à plusieurs kilomètres. M. Trouvé se met à la portière, et s'écrie tout à coup : Voyez la Tour Eiffel ! Et chacun regarde à son tour ; on oublie que nous sommes à mille lieues de la Tour Eiffel. Nous ouvrons nos Guides, et nous lisons que l'Empire russe occupe la moitié occidentale de l'Europe, et toute la partie septentrionale de l'Asie ; du cap oriental à l'embouchure du Danube il y a sept mille quatre cent cinquante kilomètres, la longueur exacte de l'Amérique du Sud. Le cap Tcheliouskine n'est qu'à douze degrés du Pôle, et le district Transcaspien est à trente-cinq degrés de l'Equateur. La Russie est quarante et une fois plus grande que la France, plus de deux fois l'Europe, et deux fois la Chine.

Quel immense Empire !

A notre arrivée toute la ville était illuminée pour la fête de l'Impératrice, et puis, c'étaient des dômes, des coupoles dorées, des colonnes doriques, des perspectives à perte de vue ; nous courions de toute la vitesse de nos petits chevaux et nous n'arrivions jamais.

St-Pétersbourg, mercredi, 5 août.

Ce matin nous montions deux à deux dans des petites voitures basses, attelées à la russe, et tellement étroites qu'il faut se tenir par la taille pour maintenir son équilibre et se garantir des chocs et des cahots. Le cocher, *Iswostchik*, est vêtu d'une grosse houpelande bleue qui lui tombe jusqu'aux pieds, serrée à la taille par une ceinture rouge ; il est coiffé d'un bonnet carré qui ressemble un peu à la toque de nos juges, ou à un pot de fleur renversé ; puis il excite son cheval avec un bout de lanière qui termine la guide. Cela fait un attelage tout à fait étrange. Nous avons ainsi sept voitures qui se suivent à la file indienne ; nos chevaux courent ventre à terre, et tous ces couples enlacés ne manquent pas de charme. Ces petits drochkis se croisent dans tous les sens avec une rapidité vertigineuse, j'avais une frayeur horrible d'être accrochée en route, mais il paraît que cela n'arrive jamais.

Berlin, par sa vie et son activité, m'avait laissé la pensée d'un peuple qui sent sa force et qui veut grandir encore. Varsovie, c'est la Pologne asservie, qui frémit sous le joug et voudrait reprendre son indépendance. St-Pétersbourg, c'est la force, c'est la puissance. Avec ses rues immenses, ses perspectives sans fin, c'est l'espace, c'est l'étendue, c'est l'empire du monde. La Russie ne craint personne, et chacun la redoute ou voudrait l'avoir pour alliée. Un jour Napoléon, qui n'avait jamais été vaincu, voulut entrer chez elle : elle alluma son Kremlin, et le grand vainqueur vit son armée périr de froid dans ses glaces. En Russie on ne parle du Czar que la tête découverte, et quel que soit le monument que l'on aille visiter il faut se découvrir pour y entrer. Le peuple russe est profondément religieux, et, après Dieu, c'est l'Empereur qui tient sa place.

Nous filons rapidement avec nos droschkis ; nous passons devant le Sénat et le Monument de Pierre le Grand, élevé en 1782 par Catherine II. Nous sommes sur les quais de la Néva. Pierre le Grand est à cheval sur un roc. N'est-ce pas sur un roc qu'il a fondé son Empire ? La Néva roule majestueuse entre une ligne non interrompue de palais, d'édifices, elle a bien six cents mètres de largeur.

Un coup d'œil sur les Palais des Grands Ducs, le Palais d'hiver, la colonne Alexandre, l'Ermitage, le Palais de marbre, le nouveau pont Alexandre. Avec tous les embranchements de la Néva et ses nombreux affluents : la grande Néva, la petite Néva, la grande Newka, la petite Newka, St-Pétersbourg renferme un total de quatorze cours d'eau, c'est ce qui l'a fait surnommer la Venise du Nord.

Nous passons sur la rive droite, et nous visitons la Forteresse et l'Arsenal d'artillerie où sont exposés tous les modèles de canons depuis Pierre le Grand. On attend le roi de Serbie qui est à St-Pétersbourg, partout on a disposé des tapis pour le recevoir, et nous profitons des tapis du roi de Serbie.

L'Eglise St-Pierre et St-Paul, située dans la Forteresse, renferme tous les tombeaux des Empereurs de Russie depuis Pierre le Grand. Il y a là trente-deux sarcophages en marbre blanc, quelques-uns sont couverts de fleurs renouvelées tous les jours ; le Czar Alexandre II, si lâchement assassiné, est l'objet d'un vrai culte. Tous les ans l'Empereur régnant vient y prier et assister à un office pour les membres de sa famille : son trône est à droite, celui du Métropolite est à gauche. Un chandelier en ivoire, d'une hauteur de trois mètres, a été fabriqué par Pierre le Grand.

Tous les jours des offices sont dits pour le repos de l'âme des défunts : nous assistons à la messe. Le Pope, couvert d'une chappe en or, deux diacres et plusieurs assistants officient en langue slave : c'est lugubre, et l'on ne peut s'empêcher de penser à ce contraste de la grandeur et de la mort.

Et l'on dit aussi, mais bien bas, que cette Forteresse, St-Pierre et St-Paul, qui garde les tombeaux des Romanof, sert également de prison aux condamnés politiques. Il en est peut-être qui gémissent dans ces cachots, et que la torture consume lentement. Bah ! ne soulevons pas ce voile. Est-ce que l'Empereur pourrait ne pas être clément quand il vient prier sur la tombe de son père, et qu'il considère la place qui l'attend, peut-être demain ?

Nous voyons ensuite la Maison de Pierre le Grand, qui a été convertie en chapelle sous le vocable de Jésus-Christ. On y vénère une ancienne image du Christ que Pierre le Grand portait avec lui dans ses expéditions. C'est une petite maison hollandaise, très simple, qui a été entourée par une autre construction en briques. On y voit le bateau, ou plutôt le modèle du bateau sur lequel Pierre le Grand fut sauvé par miracle dans une tempête terrible sur le lac Ladoga. On y voit aussi son portrait et celui de sa femme Catherine Ire, de sa fille Élisabeth, et quelques meubles fabriqués par lui.

Cette maison est très vénérée par le peuple russe, et toute la journée elle est remplie de pèlerins qui viennent y faire leurs dévotions devant les saintes images. Nous avons en sortant une vue splendide sur la Néva ; c'est un des plus beaux panoramas que l'on puisse voir.

St-Pétersbourg renferme une quantité d'églises dont la richesse ne peut se décrire ; mais, parmi toutes ces richesses, il en est deux qui les dépassent, et qui sont les joyaux de la Russie : c'est la Cathédrale de St-Isaac le Dalmate, et celle de N.-D. de Kazan.

Ce qui distingue surtout le peuple russe c'est son profond amour pour le Czar et son fanatisme religieux. Nulle part, excepté peut-être à Rome, on ne voit autant de chapelles, d'images saintes, d'objets de piété, de fondations pieuses, de reliques sacrées, de monastères ; et à côté des saintes images, il y a toujours le portrait de l'Empereur et de la famille impériale, qui sont l'objet du même culte.

Tous les passants, riches ou pauvres, se prosternent devant ces icones ; ils font trois fois le signe de la croix en commençant par l'épaule droite; souvent ils s'inclinent jusqu'à terre et continuent leur chemin. Une lampe brûle jour et nuit devant ces images, et une quantité innombrable de cierges est toujours entretenue par les fidèles. La pompe des cérémonies religieuses dépasse tout ce que l'on peut imaginer, tant par la richesse des ornements que par la profusion des bannières et des icones enchâssées dans l'or et couvertes de diamants et de pierres précieuses.

Nous visitons d'abord la Cathédrale de St-Isaac. Elle est située près du jardin Alexandre, à côté de la Néva. Commencée en 1768, sous Catherine II, elle ne fut terminée qu'en 1858. Elle est à croix grecque, avec un dôme central soutenu par vingt-quatre colonnes en porphyre ; sous le portique, des colonnes monolithes en granit rose de Finlande et, dans l'intérieur, dix colonnes en malachite et deux de lapis lazzuli. La grande porte est en bronze, elle représente des scènes de la Passion ; d'autres bas-reliefs représentent St-Isaac le Dalmate chargé de chaînes par ordre de l'Empereur Valens, et sa délivrance par l'Empereur Théodose.

L'Iconostase est en marbre blanc avec portes d'argent massif, balustrade et chandeliers également en argent ; puis des peintures signées des plus grands noms de l'école russe, et des tableaux en mosaïques de toute beauté. Si la Cathédrale de St-Isaac ne peut égaler St-Pierre de Rome par sa grandeur, elle le surpasse peut-être par sa magnificence.

Dans le tabernacle de l'Iconostase se trouve une réduction du monument en or massif. A droite de l'autel une tête de Christ est entourée de pierreries, dont un gros diamant ayant appartenu à Pierre le Grand. Une autre tête de Christ est enchâssée dans l'or ciselé : c'est un don fait par un Russe à l'occasion de l'accident de chemin de fer où la famille Impériale a échappé par un miracle. Puis une icone, copie de N.-D. de Kazan, est entourée d'émeraudes, de rubis et de diamants d'une grande valeur. Le tombeau du Christ, en argent massif, pèse deux cents kilos, il est ouvert seulement le Vendredi saint ; la ciselure seule a coûté deux cent mille roubles. C'est étourdissant !

Nous montons sur la coupole. Il y a cinq cent dix-huit marches jusqu'à la lanterne, la vue est incomparable ; et c'est vraiment de cette hauteur que St-Pétersbourg est grandiose, avec ses dômes, ses coupoles, ses flèches dorées, ses couleurs éclatantes, et la Néva et tous ses canaux. Au loin Cronstadt, le golfe de Finlande, et la Pointe des Iles.

Au-dessus de la coupole, une colombe en argent massif a un mètre cinquante de hauteur et deux mètres cinquante d'envergure ; d'en bas, elle est de grandeur naturelle.

N.-D. de Kazan est l'église la plus sainte de toute la Russie, le Czar doit venir y prier avant son couronnement. Elle a été bâtie en 1801 par Paul 1er, Son entrée est précédée de colonnes en forme elliptique comme St-Pierre de Rome, avec coupole centrale ornée de cinquante-six colonnes monolithes de granit de Finlande. La porte en bronze a été faite sur le modèle de celle de la Cathédrale de Florence.

L'Iconostase est en argent massif, ainsi que la balustrade qui fait le tour du chœur, et les grands chandeliers qui pèsent cinquante kilos. A l'intérieur, des peintures remarquables, et la fameuse vierge de Kazan transportée à Moscou par Ivan le Terrible, puis à St-Pétersbourg par Pierre le Grand. Elle est ornée de pierreries, émeraudes, rubis, saphirs, et une couronne de diamants. C'est à en perdre la tête.

Le tombeau du Christ est entouré de drapeaux, la plupart suédois, polonais, français, qui rappellent la triste campagne de 1812. Puis nous avons vu un Missel, don de Catherine II ; le bâton du Maréchal Davoust, et un Christ au pied duquel est enchâssé un véritable clou de la Passion, donné par le Pape à Alexandre III.

Parmi les autres églises que nous avons visitées, j'ai remarqué l'église de la Résurrection, élevée sur le lieu où l'Empereur Alexandre II a été assassiné le 1er mars 1881 ; l'église St-Nicolas, bâtie par Catherine II ; celle de la Transfiguration, construite par Elisabeth ; celles de l'Annonciation, de la Trinité, et plusieurs monastères, remarquables par leur richesse.

En sortant des églises, nous entrons dans les écuries et remises impériales. Quel luxe, grand Dieu ! Et comme on comprend la pompe des cérémonies, celle du couronnement par exemple ; comme on comprend le prestige et l'auréole dont on entoure le Czar ! Quand l'Empereur se montre à son peuple avec toute cette gloire et cette splendeur, ce n'est pas un homme, c'est vraiment un Dieu !

Six cents chevaux sont affectés au service des voitures, qui sont au nombre de quarante-deux, toutes d'une magnificence incomparable. Elles sont remisées dans un bâtiment spécial, et l'escalier qui y conduit est tendu en tapisseries des Gobelins. Dans une salle immense sont réunis les harnachements, la sellerie, et une collection de voitures unique au monde : Le carrosse de gala de la Grande Catherine ; un autre avec peintures de Boucher, cadeau de Louis XV ; une autre voiture de Catherine avec peintures de Vanloo. Et puis encore des voitures de toute sorte, des traineaux dorés, et un traineau fabriqué par Pierre le Grand.

C'est le carrosse de gala de Catherine II qui sert pour le couronnement ; les peintures sont de Watteau, et tout l'intérieur est capitonné de pierres fines, diamants, rubis ; il y en a pour cinquante mille roubles. Cette voiture est attelée de huit chevaux blancs, l'Impératrice l'occupe seule, et pour qu'elle ne voie pas le dos du cocher, deux gentils petits enfants se placent devant elle sur un siège extérieur.

Dix autres voitures semblables, or et rouge, sont occupées par les Dames d'honneur ; les harnais sont magnifiques ; l'Empereur est à cheval. Puis nous voyons un harnachement complet avec émaux, présent de l'Emir de Boukara, avec caparaçons brodés d'or et d'argent à l'orientale. Et enfin la voiture historique dans laquelle se trouvait Alexandre II quand il fut assassiné. Lorsque la première bombe fut lancée, le siège et le derrière de la voiture furent démolis et brisés, mais l'Empereur n'eut pas de mal ; ce n'est qu'en descendant de voiture qu'une seconde bombe l'atteignit mortellement.

Après déjeuner nous prenons le chemin de fer pour nous rendre à Tzarkoë-Selo, résidence d'été de la famille impériale. C'était la résidence favorite d'Alexandre II, tous ses enfants y sont nés ; mais depuis la mort de son père, Alexandre III n'y vient presque plus.

L'aspect de Tzarkoë-Selo est immense. C'est un Palais tout blanc, avec des ornements bronzés, il a 234 mètres de façade, et il date 1744. C'est un style rococo assez lourd, mais l'intérieur rappelle le luxe et l'opulence des souverains asiatiques : l'or, l'argent, l'ambre, la malachite et le lapis lazzuli y sont jetés à profusion.

Dans la première salle, aux tentures en soie bleue, on voit les portraits de Marie Feodorowna, de Catherine et d'Elisabeth. Puis un salon chinois bleu pâle, un salon japonais où l'on voit Catherine inaugurant la statue de Pierre le Grand. Au milieu du salon deux tables en lapis. La chapelle est bleue et or.

Nous passons dans les appartements de Marie Feodorowna : chambre ornée de colonnes de verre foncé avec plaques de porcelaines ; salon japonais avec les portrait, d'Alexandre Ier et de Catherine II. Les appartements d'Alexandre, où l'on voit le costume qu'il a porté pendant la campagne de 1812, son lit de camp, son épée, un vase de Sèvres, don de Napoléon ; puis un salon blanc et or, avec un tableau qui représente la soumission de Schamyl.

Les salons de réception de Marie Feodorowna sont ornés de beaux meubles de soie pourpre, et de bons tableaux de l'école hollandaise. La fameuse salle d'ambre est entièrement revêtue de plaques d'ambre qui représentent les armes de Frédéric le Grand ; de superbes mosaïques, des Amours en bronze doré, et des motifs sculptés en ambre en font une salle unique au monde. Au milieu, une réduction en argent de la statue à cheval de Frédéric, des vitrines, des coffrets, des tabatières, des transparents en ambre, et des glaces entre les fenêtres. Les meubles sont blanc et or.

Dans les salons de parade, à tentures violettes, un tableau représente le monument des morts à Sébastopol ; puis une chambre à coucher en citronnier, et la salle de lapis, avec des appliques de lapis lazzuli veiné d'or ; le parquet est une mosaïque en ivoire.

On descend un escalier à double révolution en marbre blanc, et on retrouve la salle d'argent sur fond bleu, où l'on voit la statue d'Alexandre III en Ataman des Cosaques ; la salle de bal, longue de 43 mètres avec des groupes en argent, et des dressoirs remplis de vases de Chine et du Japon ; le portrait d'Alexandre II en houzard. Et encore les appartements de l'Impératrice Marie Alexandra. Dans le salon principal, tendu de tapisseries vieil or, une superbe pendule, chef-d'œuvre d'orfèvrerie, des lustres, une table en lapis ; les portes sont incrustées de nacre, et le parquet est en mosaïques avec d'autres incrustations de nacre. Un boudoir japonais a des meubles en ivoire sculpté et une pendule en or massif.

Puis le cabinet de cristal, le cabinet des médaillons, le cabinet de porcelaine rose, et une rotonde ornée des agathes les plus rares. Malgré cette longue nomenclature qui a le défaut de trop ressembler à un Guide Badeker, j'en passe, et beaucoup, pour ne citer que les choses et les objets qui m'ont le plus frappée, et nous terminons par le Hall, où les onyx et les marbres de Sibérie forment une splendide décoration ; puis la galerie de marbre, longue de 82 mètres, qui contient des bronzes d'art, et des tableaux de l'école hollandaise.

Le parc est superbe. On y voit un lac, un village chinois, des ruines artificielles, une ferme hollandaise, des grottes, des cascades, et une gondole ayant appartenu à Catherine II.

Tzarkoë-Selo est véritablement une résidence Impériale, et m'a laissé un grand souvenir.

St-Pétersbourg, jeudi, 6 août.

Nous partons de grand matin en droskis pour aller prendre le bateau qui doit nous conduire à Cronstadt. Cronstadt, vieille citadelle sur le golfe de Finlande, venait d'être témoin de fêtes grandioses ; l'Amiral Gervais venait d'être traité en roi, et la France en alliée et en amie par l'Empereur de toutes les Russies ; l'écho de toutes ces ovations arrivait jusqu'à nous, et les vivats enthousiastes des deux nations devaient laisser des souvenirs ineffaçables.

Le bateau à vapeur était surchargé de passagers, la petite lampe brûlait devant l'image de la Madone, et tous firent le signe de la croix. Bientôt Cronstadt nous apparut avec la ligne des sept îlôts armées de batteries blindées.

La Forteresse fut bâtie en 1703 par Pierre le Grand ; le Port militaire et le Port marchand sont à côté l'un de l'autre ; les moujiks qui travaillent à ce Port sont vêtus d'une blouse rouge serrée à la taille, ils ont aux pieds des sandales en écorce de bouleau.

Nous restons un instant en contemplation devant l'immense étendue de la mer, et nous saluons notre flotte française et nos drapeaux dont les couleurs se mélangent avec celles de la Russie. Tous nos cœurs battent à l'unisson, et nous sentons combien, loin de sa patrie, on aime la France ! Puisse cette alliance être durable et devenir le gage de la prospérité et de la paix !

Nous reprenons le bâteau à Cronstadt pour nous rendre au château Impérial d'Oranienbaum, résidence de la Grande Duchesse Michel. Le parc est très grand, orné de pièces d'eau, de grands arbres et de pelouses d'une fraîcheur admirable. Nous montons en chemin de fer, et nous arrivons à Péterhoff, ville de 8.000 habitants, où réside le Czar avec sa famille.

Il y a deux châteaux à Péterhoff : le nouveau Palais Alexandre où habite l'Empereur ; il est très simple, on ne le visite pas. L'ancien Palais, construit en 1720 par Pierre le Grand, rappelle un peu celui de Versailles. Les jardins et les pelouses sont ornés de belles pièces d'eau et tous les jours, de trois à cinq heures, des eaux jaillissantes se jouent sur les immenses bassins de marbre et les statues en bronze doré qui produisent un bel effet au soleil.

Lundi dernier il y a eu une fête superbe à Péterhoff, tout le parc était illuminé. L'Impératrice, vêtue de blanc, s'est promenée en voiture découverte, entourée de ses Dames d'honneur ; la voiture était attelée de huit chevaux blancs, conduits à la main ; l'Empereur était à cheval.

Il paraît que, lors de la guerre de Crimée, les Français avaient emporté deux bannières très vénérées en Russie ; le Président de la République a eu la délicate idée de les faire remettre par l'Amiral Gervais. Ces bannières ont été reçues avec une joie indicible.

Nous entrons dans le Palais. C'est d'abord la salle des portraits, fantaisie de la Grande Catherine, qui fit peindre par le Comte Rustrelli quatre cents portraits de jeunes gens et de jeunes filles qu'elle avait remarqués pendant un voyage à travers son immense Empire. Je dois dire que tous sont charmants. Puis, un salon chinois, le boudoir et la chambre à coucher des enfants de Pierre le Grand ; la salle des Divans, et le portrait de l'Impératrice Elisabeth ; la salle de réception avec celui de Pierre le Grand par Botman. Un autre tableau représente Pierre le Grand regardant arriver le premier bateau hollandais de sa terrasse de Montplaisir.

Nous passons dans une série d'appartements ornés de tapisseries des Gobelins et des portraits des Romanof. Voici la chambre occupée par l'Empereur d'Allemagne en 1888, et celle de son frère Henri de Prusse. Puis, c'est le grand salon tendu de soie rouge où a été donné le fameux banquet offert aux officiers de l'escadre française. L'Amiral Gervais était à droite de l'Impératrice. Cette fête aura certainement un grand retentissement en Europe.

Comme au Palais de Versailles, des terrasses vont aux jardins et à la mer. Du haut de ces terrasses la vue est splendide.

Nous voyons ensuite Montplaisir, ermitage construit par Pierre le Grand, d'où l'on a une belle perspective sur le Golfe de Finlande. On nous montre la cuisine de Catherine Ire et sa vaisselle en étain. C'est ici qu'elle préparait les repas de son Seigneur et Maître. La chambre à coucher de

Pierre le Grand, son hanap pour le kwas, sa robe de chambre, sa pantoufle.

Soit dit en passant; je prise peu ces vieilles défroques, quoiqu'elles aient appartenu à de grands monarques et j'aime mieux voir ces derniers à travers une auréole de gloire, que coiffés du traditionnel bonnet de coton.

Des tableaux hollandais, des bas-reliefs en marbre ornent le grand hall et la grande galerie terminée par un fumoir. Enfin une belle terrasse donnant sur la mer était le lieu favori de Pierre le Grand qui y faisait de longues méditations, durant lesquelles il entrevoyait déjà la puissance de son Empire.

Nous reprenons le train de six heures, et nous rentrons à St-Pétersbourg un peu fatigués, mais enthousiasmés d'avoir vu tant de belles choses, et d'avoir pu nous faire une petite idée de la Russie.

Demain nous partons pour Imatra.

St-Pétersbourg, dimanche, 9 août.

Nous revenons de notre excursion en Finlande, et je rentre ravie, enchantée, d'avoir vu cette province qui est si peu connue, et dont je n'avais pas la moindre idée.

Partis en chemin de fer vendredi matin, nous nous sommes arrêtés à Viborg pour déjeuner. Viborg est une jolie petite ville ; et comme notre train est retardé par l'arrivée du train Impérial qui est attendu, nous avons tout le temps de la visiter. L'Empereur revient d'Imatra avec le roi de Serbie, et pas un train ne peut circuler sur la voie tant que le sien n'est pas arrivé.

Enfin la route est libre et nous continuons notre voyage. Nous avons avec nous des Dames Finnoises qui parlent couramment le français ; leur conversation est très intéressante. Elles nous apprennent que l'instruction est très avancée en Finlande, les écoles sont nombreuses, et tous les Finlandais savent lire et écrire. Dans la société on parle facilement quatre à cinq langues : le français, l'allemand, l'anglais, le suédois, et, chose étrange, elles ne connaissent pas le russe. Ces Dames connaissent toute la littérature française, nos pièces de théâtre, nos auteurs ; elles sont même au courant de la politique. Les Finnois aiment le Czar, mais ils ont leur monnaie, leurs timbres-poste, ils conservent leurs usages, leurs coutumes, leurs privilèges, et ils veulent rester Finnois.

Le train s'arrête à Wilmanstrand, où nous prenons le bateau pour traverser le lac Saïma. La Forteresse est en face de l'embarcadère ; à gauche le Champ de Mars où le Czar vient de passer la revue des troupes finlandaises en présence du jeune roi Alexandre de Serbie ; et çà et là des maisons de campagne qui tranchent au milieu des forêts de pins et de bouleaux.

Le bateau met trois heures pour traverser le lac Saïma, de Wilmanstrand à Imatra. Il fait un temps délicieux, la traversée est ravissante. Notre bateau tourne, retourne, sur ce lac aux cent îles ; à chaque instant nous croyons que nous allons aborder ;

pas du tout, ce n'est qu'une échancrure, et la navigation recommence.

Enfin on arrive, et nous rions aux éclats en voyant les véhicules qui nous attendent. On se juche tant bien que mal sur ces coucous disloqués, et nous filons un train d'enfer jusqu'à Imatra, où nous arrivons à onze heures du soir. Il est trop tard pour voir les chutes, mais déjà nous entendons le bouillonnement des eaux, et de grand matin chacun se précipite vers les rapides. Un grondement lointain arrive à nos oreilles, le roulement s'accentue, c'est le fracas du tonnerre.

Sur une longueur de 325 mètres le fleuve se fraye un passage dans un couloir de quinze à vingt mètres de largeur, et l'on est saisi de la force et de la rapidité de ces torrents écumeux dont les tourbillons s'engouffrent dans les roches basaltiques. Ces chutes, que quelques voyageurs ont comparées à celles du Niagara, sont peut-être uniques en Europe.

Sur les bords du fleuve des allées ont été ménagées pour les touristes ; des kiosques, des pavillons, permettent de s'approcher jusqu'aux rapides, et de jouir pleinement de ce spectacle grandiose.

L'hôtel est construit en bois. C'est un immense châlet suisse, nos chambres sont très confortables, et la grande salle à manger réunit tous les voyageurs pour un excellent déjeuner, où figure en première ligne la truite du Nord.

On repart à onze heures dans de grands breaks attelés de trois petits chevaux de Finlande, qui nous emportent à une allure endiablée, et nous faisons la connaissance des vraies montagnes russes, auprès desquelles les nôtres ne sont que des jouets d'enfants. Nous sautons, nous volons, nous faisons les bonds les plus incroyables, et chacun s'amuse à regarder sauter les voitures qui nous suivent, et qui font les mêmes bonds prodigieux. Oh ! quels bons petit chevaux ! Pas de frein aux voitures dans ce pays où l'on ne connaît que la ligne droite ; ils galopent comme des enragés sur la pente rapide qui les entraîne, et la vitesse est si grande qu'elle les emporte sur le versant opposé en galopant toujours.

Nous commençons d'abord à pousser des cris de détresse ; puis on s'habitue à cette sensation, et nous finissons par en rire en voyant toutes nos voitures plonger, disparaître, puis remonter ensuite sans qu'il y ait à déplorer aucun os brisé, aucun membre démis : toutes nos personnes sont en bon état.

Les maisons finlandaises sont construites en bois comme les chalets de Norvège. Ce sont des poutres dégrossies, posées les unes sur les autres : ce genre de construction préserve mieux du froid dans un pays où l'hiver est long et rigoureux.

Nous en avons fini avec les montagnes russes, et nous reprenons le bateau pour naviguer sur le lac Saïma. Le site est pittoresque et tout à fait enchanteur ; je me laisse aller doucement, mollement, et j'admire le paysage. Du lac Saïma nous passons dans le lac Parvilainen après avoir franchi quelques écluses ; puis, nous changeons de bateau et nous sommes dans le lac Lavola. Enfin, nous arrivons à Viborg, et à onze heures le train nous ramène à St-Pétersbourg.

Nous avons assisté ce matin à l'office russe au Monastère d'Alexandre Newski. C'est le couvent le plus riche de St-Pétersbourg. Le tombeau qui représente le Saint Sépulcre est en argent massif, la chapelle est toute en argent. Les offices russes se font avec beaucoup de solennité ; les Popes et les Archimandrites sont revêtus de superbes ornements ; ils portent toute leur barbe et les cheveux longs, ce qui leur donne un air majestueux, et, en général, ils ont de fort belles têtes. Il n'y a pas de chaises dans les églises, chacun assiste à la messe debout ; et comme il ne leur est pas permis de se servir d'instruments de musique, leurs chants sont très doux et très harmonieux : ils ressemblent un peu aux chants de la Chapelle Sixtine.

Nous allons ensuite au Palais d'hiver, la grande attraction de St-Pétersbourg. Construit au bord de la Néva par Catherine II, incendié et reconstruit par Nicolas 1er, son extérieur peint en rouge n'a rien de remarquable. Le Palais d'hiver qui a été jusqu'à présent la résidence habituelle des Empereurs de Russie a été un peu délaissé par Alexandre III depuis la mort de son père. Il faut une permission spéciale pour le visiter.

Nous sommes reçus à la porte d'entrée par des Majordomes en grande livrée rouge, et l'on nous compte très soigneusement pour ne laisser passer que le nombre de visiteurs inscrits sur la carte. Les hommes sont tenus de laisser leurs cannes et leurs pardessus au vestiaire ; les dames se débarrassent seulement de leurs ombrelles, et nous montons le bel escalier de marbre qui nous conduit d'abord à la chapelle. Elle est toute ruisselante d'or et contient des reliques précieuses : la main droite de St-Jean-Baptiste ; un très gros morceau de la vraie Croix ; des reliques de St-Georges, et un Portrait de la Vierge par St-Luc, tout couvert de pierreries.

Nous défilons ensuite dans la salle des mariages, ornée de beaux tableaux et d'un superbe vase de Sèvres offert par Napoléon ; la chambre d'Alexandre 1er, où se trouvent d'autres tableaux représentant presque tous des épisodes des guerres de Russie ; la salle Blanche, dont les murs sont couverts de plats d'or et d'argent ciselés, offerts aux Souverains par les villes et les corporations.

Il est d'usage en Russie que lorsque l'Empereur se présente dans une ville, on lui offre le pain et le sel en signe de bienvenue dans un plat d'or, et ce sont ces plats qui sont exposés dans la salle Blanche.

La salle dorée, style Egyptien, avec meubles en soie pourpre et or, renferme de belles mosaïques de Pestone. Les appartements d'Alexandre II, la salle à manger intime où il prenait ses repas avec ses enfants, la salle de bains, la chambre à coucher de l'Impératrice mère. Le grand lit est en marqueterie écaille, et sur l'oreiller, on voit encore une sainte image qui a été déposée le jour de sa mort par ses Dames d'honneur. Le cabinet d'Alexandre II, le boudoir, le petit salon renfermant de nombreux cadeaux et des portraits des Maréchaux et des Grands-Ducs.

Nous arrivons dans la Rotonde d'Alexandre 1er, puis dans la Galerie Pompéïenne, et nous entrons dans les appartements de l'Impératrice actuelle lorsqu'elle vient à St-Pétersbourg. Il y a la salle des Malachites avec quatre colonnes et de grands vases de malachite ; une chambre tendue de soie gris clair de Lyon, avec bouquets de fleurs ; le cabinet de l'Impératrice tendu de bleu; la salle de bains en marbre, style mauresque, et plusieurs objets d'art. Des objets en orfèvrerie, une réduction de l'Eglise de l'Assomption avec la Tour d'Ivan, et les deux tableaux du Couronnement par Beker.

Ces deux tableaux sont remarquables par la ressemblance parfaite de tous les personnages qui y figurent. Dans le premier, Alexandre III s'incline devant l'iconostase pendant que le Métropolite lui fait la sainte onction ; à côté la famille impériale, les envoyés des puissances, et les Métropolitains de Moscou et de Kiew. Dans le second, Alexandre III prend le sceptre et le globe, ses yeux sont levés vers le ciel d'où il tient sa puissance, sa physionomie est froide, énergique, et empreinte d'un mysticisme religieux. On sent que le nouvel Empereur est digne de sa tâche, et qu'il demande au Ciel la force pour l'accomplir.

De là nous allons à la salle Nicolas, la plus vaste du Palais ; elle est blanche et or avec une vue superbe sur la Néva, puis encore, la fameuse pièce où Alexandre II faillit sauter avec toute sa famille. C'est l'attentat du Palais d'hiver qui devait faire éclater une mine à heure fixe, par un mouvement d'horlogerie. On devait dîner à six heures, et l'on n'attendait plus que le Grand Duc de Hesse qui eut un retard d'un quart d'heure ; la mine éclata trop tôt, tous les musiciens sautèrent avec le mobilier ; vingt et une personnes furent tuées et il y eut beaucoup de blessés.

On se demande comment on avait pu organiser une pareille machine infernale sans éveiller l'attention, car il avait fallu creuser une galerie sous le parquet.

De la salle Nicolas on arrive au grand escalier d'honneur en marbre blanc, avec colonnade en marbre gris ardoise de Sibérie. Puis la salle du Trône, tendue de velours violet avec les armoiries de la Russie ; la Galerie des maréchaux, la salle des armoiries, la salle Saint-Georges, ornée de colonnes en marbre blanc d'ordre corinthien ; dix magnifiques candélabres en argent servent à éclairer la pièce, au milieu se trouve le trône. Le parquet est en marqueterie et reproduit les dessins du plafond.

Saint-Georges est l'un des patrons de la Russie ; sa fête se célèbre avec beaucoup de solennité le 28 novembre et le 8 décembre.

Nous montons ensuite dans les étages supérieurs. Il y en a quatre, et trois cents chambres meublées avec la plus grande richesse. C'était l'habitation favorite d'Alexandre II, et c'est au Palais d'hiver qu'il fut apporté tout sanglant, les jambes fracassées par les bombes, et qu'il expira quelques instants après. L'Empereur Alexandre III n'y réside plus, et il sert maintenant aux grandes réceptions de la Cour. C'est au Palais d'hiver que l'on reçoit les souverains étrangers ; la Duchesse d'Edimbourg, qui vient tous les ans avec sa famille voir son frère, a ses appartements au Palais d'hiver.

Au second étage se trouve le Trésor, toujours gardé par deux sous-officiers de la Garde, derrière une porte de fer : les diamants de la couronne, entre autres le fameux diamant Orloff, qui orne le sceptre, et qui provient de l'un des yeux du lion d'or qui soutenait le trône de l'Empereur Mogol à Delhi ; la couronne Impériale, estimée un million de roubles ; celle de l'Impératrice, son diadème, et d'autres pierres et diamants d'un prix inestimable.

Le Palais d'hiver communique par une galerie couverte avec le Musée de l'Ermitage, l'un des plus célèbres Musées du monde. Commencé par Catherine il fut successivement agrandi par Nicolas Ier et Alexandre II, et il contient aujourd'hui une collection splendide de plus de deux mille tableaux. Je n'en citerai aucun parce qu'il faudrait les nommer tous.

L'escalier de marbre qui mène au premier étage est orné de colonnes en granit de Finlande ; il est bordé de statues, de vases en jaspe et de lampadaires en granit violet. J'admire de très belles sculptures, des camées, des émaux, provenant de la collection du Duc d'Orléans, acquise par Catherine, et des objets d'art semés à profusion dans ces immenses galeries peuplées de chefs-d'œuvre.

Comment en faire l'énumération et comment se borner à une sèche et aride nomenclature en face de pareils trésors. J'aurais voulu y passer une journée entière, y revenir ensuite, et je n'ai pu que passer en courant à travers ces toiles merveilleuses signées des plus grands Maîtres. J'en ai noté quelques-unes pour me les rappeler davantage ; mais à quoi bon ? Ne les ai-je pas là présentes à ma mémoire, et comment pourrai-je les oublier ?

L'Ermitage renferme aussi des souvenirs historiques d'un grand prix. Dans la Galerie de Pierre le Grand, son trône, sa figure en cire, sa table de travail. Puis l'horloge du Paon, des miniatures, des tabatières, des joyaux, des coffrets donnés par le Prince Galitzin ; les cristaux de Pierre le Grand, des objets persans, japonais, chinois, et des bibelots de toute espèce.

On nous montre encore la montre de l'Impératrice défunte, ornée de très gros rubis ; la table de Catherine ; des objets ayant appartenu à Alexandre Ier et un vase en argent qui repose sur quatre bouledogues.

C'est fini ; et en sortant du Palais d'hiver nous allons au jardin zoologique respirer le grand air, et reposer nos yeux fatigués par l'éblouissement de tant de merveilles.

St-Pétersbourg, lundi, 10 août.

Aujourd'hui nous avons parcouru les rues de St-Pétersbourg, les bazars, les marchés. La perspective Newski, longue de plusieurs kilomètres ; la grande Morskaïa, la grande Sadovaïa sont les principales rues de la ville ; la rue Gorokhovaïa, la rue Galernaïa, la rue Millormaïa sont les plus peuplées et les plus commerçantes de la rive gauche. Ce qui me frappe et m'amuse infiniment, ce sont les enseignes des magasins qui représentent en peinture ce qui se vend à l'intérieur : boulangers, pâtissiers, marchands de comestibles, tailleurs, modistes, cordonniers, ont sur leur devanture des pains, des saucissons, ou bien des habits, des chapeaux et des bottes. C'est assez ingénieux.

Nous parcourons le grand bazar Gastinny Dvor, où l'on trouve en abondance les articles russes : émaux, laques, icones, bronzes, porcelaines, et où je fais quelques achats. Une dernière visite à St-Isaac, à N.-D. de Kazan, et nous passons notre dernière soirée à la Pointe des Iles, délicieuse promenade qui rappelle notre bois à Boulogne.

Ces Iles sont formées par les différentes branches de la grande et de la petite Néva. C'est un lieu charmant, rendez-vous de la haute société de St-Pétersbourg, rempli de parcs et de belles habitations, avec des ponts rustiques, des petits lacs, où l'on trouve de bons restaurants, des théâtres et des cafés concerts.

On a, de ces Iles, une vue très étendue sur le Golfe

de Finlande, et nous avons assisté au spectacle merveilleux d'un splendide coucher de soleil. Après les œuvres de l'homme, les merveilles de l'art, les richesses des Palais, je restai en extase devant les œuvres de Dieu, et je contemplai longtemps cet immense disque embrasé qui descendait doucement et se perdait dans la mer.

C'est un spectacle dont on ne se lasse pas.

Et maintenant je pars avec regrets, et je fais tristement mes adieux à St-Pétersbourg.

Moscou, mardi, 11 août.

Moscou ! Je suis tellement étonnée et ravie de tout ce que je vois que je me demande : suis-je bien vraiment à Moscou ?

Moscou a un aspect étrange avec ses toits verts, ses dômes et ses coupoles dorés, ses quatre cent soixante églises, sans compter cent soixante-dix monastères. Ce n'est pas le Caire, ce n'est pas Constantinople ; et cependant c'est une ville orientale : c'est Moscou !

St-Pétersbourg est une grande belle ville avec ses rues immenses, ses Palais et la Néva et ses mille canaux. C'est une grande ville, largement tracée à l'Américaine, d'un aspect un peu froid, mais belle par ses souvenirs et la splendeur de ses monuments ; c'est une ville née d'hier à la vie commerciale et industrielle, mais qui grandit tous les jours sous l'effort du progrès, de la vie intellectuelle, et de la grande impulsion qui lui est donnée par ses souverains. Enfin St-Pétersbourg est vraiment la capitale d'un grand Empire, et j'ai mieux compris, en la visitant, l'immense prestige dont on entoure le Czar, et l'adoration fanatique de ses sujets.

Moscou, c'est le cœur même de la Russie ; c'est la vieille cité où l'on sent le Tartare, comme on voit les Maures à Grenade et à Cordoue. Toute l'histoire de la Russie se déroulait devant moi à travers les murailles crénelées du Kremlin. C'est d'abord son fondateur, Rurik, dans le IXe siècle, s'établissant avec ses Normands vers les côtes de la Baltique, et marchant de conquêtes en conquêtes jusqu'à la mer Noire ; s'avançant jusque sous les murs de Constantinople, et menaçant les Empereurs d'Orient. Un siècle plus tard, c'est le Grand Duc Vladimir qui embrasse le rite orthodoxe et fait briser les idoles du Paganisme. Puis c'est, au XVe siècle, Iwan III Wasiliewitz qui repousse les Tartares du Kaptach, consolide l'unité de la Russie, et porte, le premier, le titre de Czar. C'est Iwan le Terrible, dont le nom toujours redouté nous glace encore de terreur en traversant la Place Rouge. Et, enfin, c'est la dynastie des Romanof qui commence au XVIIe siècle avec Michel Fédérowitz.

C'est avec les Romanof que la Russie sort de l'obscurité dans laquelle elle était plongée et c'est alors que l'on voit apparaître son véritable fondateur, Pierre le Grand, en 1696. Il construit la ville de Pétersbourg sur le golfe de Finlande, y établit un port et une flotte, et en fait la capitale de son

Empire ; puis il est vainqueur de Charles XII roi de Suède à Pultava, et s'occupe d'adoucir les mœurs de ses sujets encore à demi-barbares, et de faire fleurir dans ses Etats les arts et les manufactures. Il mourut au milieu de ses vastes projets à l'âge de cinquante ans.

Sa femme, Catherine I continua ses grandes entreprises ; après elle, ce fut sa fille Anne, puis Elisabeth, dont le règne fut glorieux. Et enfin Catherine II qui monta sur le trône après la mort de Pierre III, et dont le règne fut l'un des plus brillants de l'histoire moderne. Elle poursuivit avec sagesse et fermeté les plans de Pierre le Grand et porta ses armes victorieuses jusqu'à la mer Noire; soumit la Crimée en 1743 et parcourut triomphalement son vaste Empire.

Je m'arrête dans mon retour rétrospectif sur la Russie ; Paul et Alexandre sont trop connus, et nous ne pouvons oublier notre terrible désastre de 1812.

Tous ces faits s'étaient présentés dans mon imagination et me revenaient à la mémoire. Qui m'eût dit, lorsque j'apprenais cette histoire dans ma jeunesse que j'en serais un jour le témoin ?

Il n'y a rien à voir entre Pétersbourg et Moscou; le pays est plat, et la ligne, la première qui ait été construite en Russie, s'étend tout à fait droit devant nous, sans aucune courbe, par ordre de l'Empereur Nicolas. L'arrivée n'a rien qui frappe tout d'abord ; les rues sont étroites, tortueuses, mal pavées ; les maisons sont basses ; ce n'est qu'en pénétrant dans l'intérieur de la vieille cité

Moscovite que les idées changent, et que l'on ressent une véritable émotion. Devant nous se dressent les murailles crénelées du Kitaï Gorod, enceinte fortifiée des premiers boyards ; puis une foule de clochers, de tours bariolées, de superbes édifices, se succèdent incessamment. Nous sommes bien à Moscou, et aussitôt débarrassés de la poussière de la route, nous nous précipitons au Kremlin.

Le Kremlin, dont on parle si souvent, n'est pas particulier à Moscou. C'est une enceinte fortifiée qui se trouve dans presque toutes les villes fortes de la Russie : c'est une ville dans une autre ville, comme la Kasbah à Alger. Il renferme des églises, des palais, des monuments, des places et des lieux historiques, dont la description est un peu difficile.

Et d'abord, avant de pénétrer sous la Porte sainte, nous faisons une station dans la chapelle d'Yverskoï où l'on vénère une image miraculeuse de la Vierge. La Vierge d'Yverskoï a son carrosse attelé de six chevaux, et moyennant la somme de cinquante roubles, elle est transportée en grande pompe chez les malades et les mourants. Le peuple l'attend au passage, se précipite sous les roues de la voiture pour baiser l'étole du Pope ; c'est de la frénésie. Pas un Russe ne passe devant la chapelle sans entrer pour faire une prière à la Madone, des milliers de cierges brûlent devant son image, et le Czar n'entreprend jamais un voyage ou une action quelconque sans se recommander à la Vierge d'Yverskoï.

Notre station terminée, nous nous avançons presque pieusement et religieusement sous la Porte sainte, où tout homme, même l'Empereur, est tenu de se découvrir. Nous sommes dans le Kremlin, et nous commençons par la visite des églises.

D'abord l'Eglise de l'Annonciation, fondée par le Prince Vassili en 1397. C'est dans cette église que l'on baptise et que l'on marie les fils des Czars quand ils sont à Moscou. On y voit le trône d'Alexis, le siège où Ivan le Terrible s'asseyait pendant l'office, la Vierge de l'Annonciation, entourée de diamants et de perles, et la Vierge miraculeuse du Don qui reçut des coups de sabre en 1812. L'Archiprêtre de cette église est le confesseur des Czars.

L'Eglise des Douze Apôtres, ancienne demeure des Patriarches, fondée au XVIIe siècle. On y conserve des ornements d'une grande richesse, un seul de ces ornements contient, dit-on, soixante livres de perles fines ; il sert au couronnement des Czars.

Le Couvent des Miracles renferme le tombeau du Patriarche Alexis ; l'iconostase à des portes en argent massif. La sacristie servait de chambre à coucher au Maréchal Davoust, et tout l'Etat-major de la Grande armée se logea où elle put dans l'église.

L'Eglise St-Michel est du XIIIe siècle. Elle fut bâtie par le Prince Iwan Kalita, et elle renferme tous les tombeaux des Czars jusqu'à Pierre le Grand. On y voit une quantité de bannières et d'étendards brodés d'or et d'argent ; l'iconostase est couvert de pierres précieuses. Les tombeaux des Princes sont revêtus de draperies de velours, et des plaques en argent indiquent leurs noms : le Prince Michel, tué par les Tartares, le Czar Féodor, Iwan le Terrible et ses deux fils, dont l'un, Dmitri, fut assassiné à Oughlitsch en 1491. C'est à l'occasion de cette mort que la cloche d'Oughlitsch fut exilée en Sibérie, d'où elle en a été rappelée dernièrement par un ukase impérial.

Les richesses de cette église sont estimées à vingt millions de roubles ; l'une des images, la Vierge du Don, porte une pierre évaluée quatre-vingt mille roubles ; une croix en argent ornée d'une perle énorme a été donnée par Iwan le Terrible.

La Cathédrale de l'Assomption, ou du Couronnement, date du XIV⁰ siècle ; sa splendeur et sa magnificence dépasse toutes les autres. C'est une église gréco-orientale dont la coupole est soutenue par quatre grands piliers couverts de peintures byzantines sur fond or ou argent. L'iconostase est d'une richesse impossible à décrire. Les lustres sont en argent massif.

De précieux reliquaires contiennent un morceau de la sainte Tunique, une partie de la Tunique de la Sainte Vierge, un clou et un morceau de la vraie croix. On voit dans la sacristie une coupe en jaspe, envoyée de Constantinople à Vladimir Monomaque, qui sert à contenir les saintes huiles lors du sacre des Empereurs ; le trône qu'ils occupent est celui de Vladimir.

Dans l'intérieur de l'église il y a quatre chapelles, dont la plus remarquable est celle du Métropolitain St-Philippe. J'admire encore les peintures des saints, Evangiles, et de superbes bannières toutes ruisselantes d'or qui sont suspendues aux murailles.

Que de richesses et de trésors inestimables amoncelés ici ! Et combien je déplore la séparation de cette Eglise orthodoxe et de notre Eglise commune, la sainte Eglise catholique. Il y a si peu de choses qui nous séparent, et le Grand Pontife Léon XIII lui tend les bras avec l'espoir de la voir revenir à lui. Et en l'appelant à l'unité, Léon XIII n'entend pas latiniser l'Eglise orthodoxe ; il veut respecter ses usages, ses coutumes, sa liturgie, l'élection de ses Pontifes. Dieu veuille lui donner la joie du retour de l'enfant prodigue violemment arraché de la maison paternelle.

Depuis que je suis en Russie j'étudie avec intérêt ce rite grec, auquel je m'étais déjà initiée dans mes voyages en Orient. Il y a des Grecs Unis qui reconnaissent la suprématie du Souverain Pontife de Rome ; ils sont assez nombreux en Syrie, et le Pape a reconnu leur liturgie, la consécration sous les deux espèces, le baptême par immersion ; malheureusement les Grecs non unis sont les plus nombreux, ils sont fermement soutenus par la Russie, et il en résulte des conflits bien regrettables.

Dans le rite grec orthodoxe ce n'est pas le Pape qui est le chef suprême de l'Eglise, mais le Czar qui est le chef spirituel et qui gouverne par le saint synode. Le clergé russe se divise en deux classes : le clergé noir, parmi lequel sont les moines et les hauts dignitaires de l'Eglise, et le clergé blanc :

les Popes, diacres, qui peuvent se marier une fois. Il y a trois métropolitains : celui de St-Pétersbourg, celui de Moscou et celui de Kiew qui forment le saint synode. La communion se fait sous les deux espèces, et ils se servent de pain fermenté ; ils ne croient pas au dogme du Purgatoire ; le baptême se fait par immersion, en plongeant dans l'eau le corps tout entier. Enfin ils n'admettent pas la précession du St-Esprit par le Père et le Fils, et ils ont retranché du symbole le mot « *Filioque* ».

Pâques est la plus grande fête de l'Eglise russe. Toutes les cloches sonnent à minuit; toutes les tables sont servies, et partout figure la pâque, mélange de lait caillé et de crème aigre ; puis chacun s'aborde en s'embrassant trois fois et l'on dit : « *Kristos voskresse* » Le Christ est ressuscité ; à quoi l'on répond « *voistiniou voskresse* » Oui, en vérité il est ressuscité.

Les Russes ont aussi une grande dévotion à la sainte Vierge, au saint Sépulcre de N. S., et tous les ans ils partent par milliers pour Jérusalem, bravant le froid, la faim, toutes les intempéries des saisons, faisant à pied un long pèlerinage pour vénérer les lieux saints.

Chez les orthodoxes la confession est obligatoire ; ils n'admettent pas le calendrier Grégorien, et leur calendrier retarde de douze jours ; la musique est bannie de leurs églises, il n'y a pas d'orgues, mais en revanche ils ont des voix superbes, et leurs chants sont très harmonieux. Ils n'ont pas de statues de saints, mais seulement des images enchâssées dans l'or et l'argent ; ils font le signe de la croix en commençant par l'épaule droite, et ils entendent leurs offices toujours debout.

En général les femmes sont séparées des hommes, et le sanctuaire est séparé de l'église par une clôture nommée iconostase, d'où est venu le nom d'icônes. Dans cette clôture sont ménagées trois portes que l'on ouvre à différents moments pendant l'office ; la porte du milieu est plus large ; on tire le rideau, et les prêtres chantent et officient derrière le rideau. Le Maître autel est carré ; à sa gauche est la Prothèse, ou autel de préparation ; c'est là que le prêtre et le diacre viennent préparer le saint sacrifice. La réserve est conservée au fond de l'iconostase, les femmes ne peuvent jamais y entrer.

Pour la consécration, le prêtre découpe avec une petite lance l'hostie dessinée dans un pain levé ; il la pose sur la patène recouverte d'une étoile d'or ; les hommes et les femmes reçoivent la communion debout.

Les Popes sont en général très ignorants, et comme ils sont Popes de père en fils, ils ne font aucune étude ecclésiastique ; de plus, la fréquentation des paysans, et peut-être les nécessités de la vie matérielle, leur ont donné des habitudes d'ivrognerie. On les accuse également de lucre, de cupidité et d'avarice, et ils sont loin de jouir du respect et de la considération dont jouissent nos prêtres catholiques.

Tout le monde connaît ce dicton :

Dans cette fosse il y a une bière ; dans cette bière il y a un Pope ; et dans le Pope, il y a de l'eau-de-vie.

Les enfants reçoivent la communion après leur baptême ; ils n'ont donc aucune instruction religieuse et ne savent que ce qu'ils apprennent sur leurs saintes Images. Malgré cela ils sont profondément religieux ; quel dommage qu'ils ne connaissent pas la vérité !

Je me suis un peu étendue sur les légères différences qui nous séparent, et qui existent bien plus dans la forme que dans le fond. Quel beau jour, que celui où ce peuple simple et croyant reviendrait à l'Unité, à cette Eglise romaine qui leur a donné de si grands Docteurs et qui leur tend les bras ! Ce sera peut être l'œuvre du grand Pontificat de Léon XIII.

Et maintenant revenons au Kremlin. Après les Eglises, les Palais !

Le Palais Impérial, moitié moderne, moitié tartare, est merveilleux. Il est de style Renaissance, la façade principale a vue sur la Moskowa. C'est du haut du fameux escalier rouge que le Czar se montre au peuple le jour de son couronnement.

Le vestibule et l'antichambre sont ornés de colonnes en marbre gris de Finlande ; un tableau représente Alexandre III au milieu de son peuple après la cérémonie du sacre. La salle des Chevaliers de St-Georges est tapissée des couleurs de l'Ordre, le parquet est en mosaïque. Au centre un groupe en argent.

Les salles St-Vladimir et St-Alexandre Newski sont revêtues de marbre rose. La salle St-André est tendue de soie bleue ; le trône impérial est placé sous un dais, et les marches sont recouvertes d'une étoffe d'or. La salle des Chevaliers, et la salle Ste-Catherine avec un trône surmonté d'un baldaquin pourpre et or. Le boudoir des Dames d'honneur avec portes en mosaïques incrustées de nacre ; la chambre de l'Impératrice, en argent ; puis les appartements de Czarewitch, et la salle de réception des anciens Czars. Les plafonds sont à ogives surchargées de fresques, et dans un coin l'emplacement du trône et de la table impériale.

— Le Palais Tartare, ou du Terem, n'est séparé du Nouveau Palais que par une grille d'or. On y retrouve intacts les appartements du Czar Alexis avec les peintures du temps, dans le vieux style russe. La salle à manger d'Alexis, et le salon de réception où se trouve un coffret d'or contenant des chartes et des pièces relatives au couronnement des Czars. La salle du Trône, rouge et or, avec décorations de style byzantin. Dans sa chambre à coucher on voit son lit en bois sculpté, son prie-Dieu ; des velours anciens recouvrent les meubles.

Les appartements particuliers de l'Empereur sont au rez-de-chaussée, ainsi que ceux de l'Impératrice.

Enfin le Trésor du Palais Impérial est une véritable féerie, on ne peut rien se figurer de pareil. Il y a huit salles qui contiennent toutes les couronnes des Czars, les sceptres, les globes, les manteaux de couronnement depuis l'an 1116, auquel remonte la fameuse couronne du Monomaque envoyée à Vladimir par l'Empereur Constantin.

Puis les couronnes des Czars de Kazan, du XVIᵉ siècle ; celles des Czars Iwan et Pierre Alexowitch ; la couronne de Michel Feodorowitch, ornée d'une grosse émeraude ; des sceptres de Pierre le Grand, de Stanislas, dernier roi de Pologne ; la couronne d'Anna Polowna chargée de rubis et de diamants ; les trônes des premiers Czars. Et, parmi ces trônes, celui des Czars Iwan et Pierre, tout en argent. Comme ils étaient encore enfants, leur sœur Sophie avait fait pratiquer une ouverture par laquelle elle soufflait à ses jeunes frères les réponses qu'ils devaient faire.

Puis les étendards des Czars, leurs armures ; des selles d'une richesse inouïe, dont l'une, ayant appartenu à Catherine, toute couverte de rubis et d'émeraudes ; des trophées d'armes prises à la bataille de Pultava ; des sabres, des glaives, enrichis des pierreries. Et encore de la vaisselle d'or et d'argent, des aiguières, des coupes, des vases du XVIIᵉ siècle ; l'orfèvrerie anglaise de Hambourg ; l'argenterie d'Iwan le Terrible ; des jades, des ivoires ; la croix de St-Georges en rubis et diamants ; une coupe de l'Empereur Alexis ; de la vaisselle de Sèvres, des porcelaines de Saxe. Puis une selle turque, ornée d'émaux et de pierres fines, ayant appartenu à l'Empereur Alexis ; la selle du premier Romanof ; le sabre et le lit de Pierre le Grand ; le lit de Napoléon Iᵉʳ et sa valise, pris à la Bérésina ; la voiture de gala et le traîneau de l'Impératrice Elisabeth, et d'autres voitures du Patriarche Michel et du Czar Boris Godounof...

Voilà encore une longue et froide nomenclature,

qui ne rendra jamais les merveilles et la splendeur du Palais Impérial et des trésors qui y sont entassés. Mes yeux, fatigués par l'éclat de tant de pierreries, ne peuvent plus supporter la lumière. Je suis éblouie !

Et quand je pense que tous ces trésors auraient pu être perdus et dévorés par les flammes lors de l'incendie du Kremlin en 1812, j'en veux à Napoléon, j'en veux à Rostopchine ; et j'oublie un instant que je suis française, pour me réjouir avec la Russie du sauvetage et de la conservation de ces chefs-d'œuvre et de ces grands souvenirs.

Nous faisons le tour de la Forteresse. De la terrasse du Kremlin on a une vue splendide sur la Moscowa. Moscou s'étend au loin avec ses toits bariolés, ses dômes, ses clochetons pointus à reflets métalliques. C'est un panorama étrange, fait de contrastes, dont on ne peut se lasser. Je jette un coup d'œil en passant sur la fameuse cloche, *le Tzar Kolokol*, qui resta enterrée pendant cent ans, fut exhumée en 1836, et placée sur un piédestal en pierre. Un énorme morceau a été détaché et gît à côté. Puis *le Tzar Pouchka*, le roi des canons, qui est là pour effrayer les enfants, et qui doit faire plus de peur que de mal.

Je voudrais passer sous silence une rangée de trois cents canons qui dorment à l'ombre du Kremlin ; mais l'aigle qui déploie ses ailes me rappelle la France, et je les salue de mon âme de Française.

L'ascension de la Tour d'Iwan est un devoir. Je revois le panorama de Moscou, toutes ses coupoles étincellent au soleil. C'est éblouissant !

Il nous restait le temps de faire une petite excursion et nous avions besoin de prendre l'air ; nous partons pour la colline des Moineaux. Un superbe restaurant est installé à l'endroit même où Napoléon s'arrêta, ravi, enthousiasmé à la vue de Moscou.

De là terrasse du restaurant la perspective est plus belle encore que du Krémlin. C'est quelque chose de Constantinople vu de la colline d'Eboub, et pourtant c'est bien Moscou, la ville aux sept collines comme la Rome de l'Occident. C'est bien Moscou avec ses quatre cents églises, forêt d'édifices aux dômes bulbeux surmontés de la croix grecque, monuments de l'architecture la plus bizarre et variant de couleurs dans tous les tons de l'arc-en-ciel, où l'or domine. Enfin le Kremlin, bastionné de créneaux, avec ses Palais et ses portes massives. Et tout près, la paisible Moskowa, qui coule doucement, et se perd dans le lointain.

Moscou, mercredi, 12 août.

Aujourd'hui encore une visite aux principales églises de Moscou. Nous commençons de suite par la plus ancienne et la plus curieuse : celle de Vassili Blagennoï, l'Eglise St-Basile.

Nous traversons la Place Rouge, ainsi appelée parce qu'elle fut le lieu des exécutions ordonnées par Iwan le Terrible. Le sang y coula à si grands flots qu'elle en resta rouge et garda son nom. On dit que ce cruel Empereur portait toujours une longue pique de fer dont la pointe était finement aiguisée, et que l'une de ses distractions était de percer les pieds de ceux qu'il forçait à s'approcher de lui. Sous son règne, le Kremlin et les trois quarts de Moscou devinrent la proie des flammes en 1548 : le Kitaï Gorod, le grand faubourg avec le Palais du Czar, les archives, les armures furent brûlés. Que de trésors furent réduits en cendres !

Le souvenir d'Iwan est toujours aussi vivace ; on parle encore de sa férocité, en traversant la Place Rouge, et son nom reste attaché à l'église St-Basile qu'il fit construire. On montre encore la niche qu'il occupait au-dessus des murailles du Kremlin, et d'où il assistait aux exécutions, avec son bonnet pointu fourré de loutre et sa pique de fer.

Quelle évocation ! en face du monument le plus bizarre, le plus étrange, le plus extraordinaire que l'on puisse voir ! Que l'on se figure un assemblage de clochers, de coupoles peintes des couleurs les plus invraisemblables, et dont la forme varie autant que les couleurs. Les unes sont à facettes, les autres sont tordues, d'autres sont bulbeuses, renflées, contournées, ou bien ressemblent à des pommes de pin. L'ensemble saisit, étonne ; on reste stupéfait à la vue de cet édifice qui n'a pas de style, qui est unique, et l'on est confondu de l'imagination de l'architecte.

A l'intérieur des arcades à voûtes basses ornées de peintures byzantines, neuf chapelles fantaisistes, de forme octogone, correspondent aux neuf tours, et sont complètement séparées les unes des autres.

La chapelle centrale, dédiée à la Vierge était réservée à Iwan le Terrible quand il venait prier. De même Louis XI invoquait toujours un saint lorsqu'il voulait commettre quelque cruauté, ou ordonner un assassinat. Ces deux tyrans devaient avoir quelques ressemblances.

On raconte qu'après la construction de cette église Iwan fit venir l'architecte et lui demanda s'il pourrait faire quelque chose de plus superbe encore. Oui, Sire, répondit l'architecte. Et sur cette réponse affirmative, il lui fit crever les yeux.

Après l'église ancienne, l'église moderne. La cathédrale du Sauveur, érigée en 1839, sous Nicolas I*er*, en mémoire de la délivrance de la Russie en 1812, a été seulement terminée par Alexandre III en 1881. Des millions de roubles y ont été engloutis : c'est un monument splendide.

La cathédrale du Sauveur s'élève sur une hauteur au-delà de la Moskowa ; elle est tout en marbre, et l'on y accède par un superbe escalier de marbre. Tous les artistes qui ont travaillé à cet édifice devaient être Russes, et tous les matériaux, à l'exception des marbres du Labrador, devaient provenir de la Russie.

A l'extérieur, quatre façades avec colonnes de marbre, trois portes de bronze surmontées de bas-reliefs avec cette inscription : Dieu est avec nous. Au centre, une immense coupole bulbeuse, couverte de lames d'or ; aux quatre angles, quatre clochetons avec la croix grecque.

L'intérieur de l'église est à croix grecque, elle peut contenir dix mille personnes : c'est d'une richesse de marbres, de peintures, de décorations, dont on ne peut se faire idée. L'autel est placé dans un iconostase en forme de tourelle d'une blancheur éblouissante, les clochetons sont en porphyre rouge. Sous la coupole, une immense peinture représente Dieu le Père ; puis des peintures murales, qui sont des chefs-d'œuvre, représentent des scènes de la vie du Christ. Elles sont signées des plus grands artistes de la Russie. La galerie circulaire, en bronze doré, supporte six cent quarante chandeliers ; il y en a en outre six cents dans le chœur, et trois grands lustres qui donnent un éclairage féerique.

Tous les noms des braves qui ont succombé pendant la terrible campagne de 1812 sont gravés en lettres d'or sur des plaques de marbre. Quel enseignement et quel exemple pour ceux qui survivent et qui voient avec quel respect on les honore !

Moscou, jeudi, 13 août.

Nous commençons par visiter la Tour de Soukharof qui est aujourd'hui un immense réservoir d'eau alimentant toute la ville. Puis nous entrons dans le Kitaï-Gorod qui comprend l'enceinte fortifiée, élevée à côté du Kremlin par la mère d'Iwan le Terrible. Dans cette enceinte est le Palais Romanof, berceau de la famille impériale actuelle.

En passant devant la chapelle de N.-Dame d'Yverskoï nous voyons sortir une superbe procession qui a lieu pour la bénédiction des eaux. Plus de deux mille personnes la suivent. Le Métropolitain portait, dans un carrosse doré, l'image de la Vierge, et tout le peuple se précipitait sur son passage. Après cela venaient des icones, des bannières splendides, si lourdes qu'il fallait quatre hommes pour les porter ; la procession défilait toujours, et nous n'avons pu en voir la fin.

Nous visitons ensuite le Palais Romanof qui a a été restauré par Alexandre II, et remis tel qu'il était sous le Czar Michel Féodorowith. Les chambres sont à portes basses, à fenêtres ogivales, et décorées de peintures en losanges à facettes. On y voit des souvenirs de famille, de l'argenterie, des bijoux, de vieilles images, des cannes, une robe de cérémonie, le sceau des boyards.

Dans une autre pièce, c'est le portrait de Michel Feodorowitch et de son père Nikitsch ; des objets d'enfants ayant appartenu au premier Romanof : des gants, des petits souliers ; des coffres, des bahuts, de la vaisselle ; le portrait de Marfa Ivanovna, mère de Michel Romanof, et les ustensiles dont elle se servait : rouleau de cuisine, battoir, fers à repasser, livres d'heures ; puis le berceau de Michel; et une poupée vêtue d'une robe en brocard blanc.

Le Palais est surtout intéressant parce qu'il donne une idée des mœurs du temps et des coutumes des anciens boyards.

Nous voyons ensuite le Musée Tritiakoff propriété d'un grand seigneur, qui a réuni dans sa galerie particulière un grand nombre de tableaux sortant tous de l'Ecole russe. Puis le Monastère des Dames

Nobles où sont enfermées trois cents religieuses qui portent un costume bizarre. La première femme de Pierre le Grand et ses deux filles sont enterrées dans la chapelle.

Moscou, vendredi, 14 août.

Aujourd'hui, dernier jour de séjour à Moscou; nous en profitons pour revoir le Kremlin, pour courir les magasins et les bazars ; nous visitons les superbes passages de la rue du Pont des Maréchaux ; on fait des achats, et chacun s'abandonne à l'aventure au gré de son caprice.

Cependant il nous restait à voir l'Exposition française, et il n'eût pas été pardonnable à des Français, venus à Moscou en l'an de grâce 1891, de ne pas la visiter.

Elle est située près de la gare de Smolensk, et a été installée dans deux galeries circulaires parallèles. Au centre un magnifique jardin avec pelouses, des kiosques, des fontaines lumineuses, des montagnes russes, des concerts marocains, des dioramas et le panorama du couronnement par Poilpot.

J'entends dire autour de moi qu'elle n'est pas digne de la nation française ; les critiques me paraissent un peu sévères, l'exposition des meubles et des bijoux est vraiment belle.

Ce soir nous partons pour Nijni-Novgorod où nous attire le renom de la célèbre foire qui s'y tient chaque année. Nous faisons nos adieux à Moscou, et, plus tristement encore qu'à St-Pétersbourg, je fais avec regret mes adieux à la vieille cité Tartare. J'aime les anciennes légendes, je m'attache aux ruines ; Moscou m'avait séduit par ses vieux souvenirs, et je refaisais son histoire en parcourant le Kremlin et le Gitaï-Gorod, demeure des anciens boyards, berceau des Romanof. Les légendes d'Iwan le Terrible avaient hanté mes rêves, et je le revoyais encore juché sur sa muraille, et dictant ses sentences de mort.

Et puis, Moscou ce n'est plus l'Europe : c'est l'Asie qui s'approche avec ses grands conquérants ; c'est la Perse, c'est la race Mongole, c'est tout l'Orient qui s'avance et qui fait trembler l'Europe. La Russie n'est elle pas la gardienne de l'Europe, la sentinelle qui veille ? L'Empereur de Russie n'est-il pas l'arbitre de la paix dans le monde ?

Je faisais toutes ces réflexions en quittant Moscou, et je me disais : Qu'arrivera-t-il un jour ? L'avenir est à Dieu.

Nijni-Novgorod, samedi 15 août.

Il y a 540 kilomètres de Moscou à Nijni-Novgorod. Partis hier soir à huit heures nous arrivons à dix heures : Encore une nuit passée sur les banquettes des vagons russes. Il est bien entendu que les voitures sont au complet, et comme chacun voyage avec son lit, nous sommes encombrés de ballots énormes. Le pays est plat et peu intéressant : des plaines immenses, des landes désertes, des terrains sablonneux, des forêts de pins et de bouleaux,

La locomotive étant chauffée au bois, le train ne va pas trop vite, et s'arrête encore toutes les heures pour faire le bois comme nous faisons le charbon. Avec cela, on dort si l'on peut.

C'est aujourd'hui la fête de l'Assomption, et pas moyen d'entendre une petite messe. Y a-t-il une église catholique à Nijni ? Nous le saurons demain.

Nous nous embarquons pour l'hôtel, au milieu d'une cohue indicible ; il est situé dans la partie haute de la ville, et la foire se tient dans la ville basse. Tous les fils d'Israël semblent s'être donné rendez-vous. Ils viennent de toute la Russie pour faire leur petit commerce à la foire de Nijni, et on les reconnaît facilement à leur houppelande crasseuse, et à l'odeur nauséeuse qui s'exhale de leur personne. Et pourtant les temps sont durs, la foire diminue, le chemin de fer a fait du tort, les affaires ne vont plus. Cette année, surtout, ils se plaignent plus qu'à l'ordinaire ; il y avait peu de monde à la foire en comparaison des années précédentes, où l'affluence allait jusqu'à douze cent mille âmes. La foire était mauvaise par suite de la disette, des mauvaises récoltes, et du manque d'eau dans le Volga ; un grand nombre de marchands n'avaient pu arriver par le fleuve ou restaient ensablés. Tout le monde se plaignait.

Il fait une chaleur horrible, et la foire étant très éloignée de l'hôtel, nous sommes obligés de descendre au gros soleil et de nous promener à travers les baraques par cette chaleur de plomb. Il est certain que la foire tend à diminuer. Autrefois il s'y faisait des transactions considérables, tous les marchands de la Perse, de la Chine et de l'Extrême Orient s'y donnaient rendez-vous.

La foire de Nijni dure deux mois chaque année; elle se compose d'un immense cantonnement de baraques en bois et en briques, formant de larges rues, et servant de magasins. Sur l'espace le plus élevé se trouve le Bazar central, grand entrepôt de marchandises, avec galeries spacieuses, qui contient un échantillon de tout ce qui se vend dans la foire.

En général chaque marchandise a son quartier spécial : c'est surtout du thé, de l'indigo, du coton, des fourrures ; il y a des rues entières où l'on ne voit que des peaux d'astrakan, et, chose singulière, j'ai voulu en acheter, et il m'a semblé qu'on me les vendait aussi cher qu'à Paris. Le commerce se fait en gros, et les grandes maisons y envoient des représentants.

Ce qu'il y avait d'intéressant pour nous, c'était la réunion de tous ces types orientaux : Tartares, Chinois, Persans, Tcherckess, Kirghises, Kalmouks, avec tous leurs costumes bizarres, leurs coiffures étranges.

Nijni compte en temps ordinaire 80.000 habitants ; mais ce nombre est presque triplé, et la ville offre l'aspect d'une cohue indicible ; les maisons sont juchées pêle-mêle sur le versant de l'Oka que l'on traverse sur un pont de bateaux, et l'on monte à l'ancienne citadelle des Princes de Nijni sous la domination tartare. De la terrasse du château nous avons un panorama splendide ; au premier plan : la foire avec ses cantonnements, ses baraques, et cette vaste fourmilière d'êtres humains qui s'agitent en tous sens ; puis le Volga, le plus grand fleuve d'Europe, dont nous suivons le cours à une étendue considérable.

En ce moment les eaux du Volga sont très basses ; nous apercevons des bancs immenses de sable jaune ; beaucoup de bateaux sont en détresse, et des remorqueurs viennent à leur secours. Les quais sont encombrés de marchandises, et des milliers de bâtiments de toute sorte sont dans le port ; des rangées de mâts, des forêts de pointes et d'aiguilles, brillent aux rayons du soleil. C'est d'un effet magique !

Nous visitons la Cathédrale où l'on vénère une ancienne Vierge noire. L'iconostase est immense et surchargé de dorures ; dans les souterrains reposent les anciens Princes de Nijni.

Dans la ville basse, c'est la foire avec son activité fiévreuse et dévorante : ce sont des piétons, des cavaliers, des véhicules de toute espèce ; puis des paysans, des paysannes en costume national ; des mendiants, des loqueteux vêtus de touloupes graisseuses, de sandales en écorces ; des aveugles, des infirmes, étalant des plaies hideuses, et venus à Nijni de tous les coins du monde. C'est un ramassis de toutes les misères, une vraie Cour des Miracles. A côté ce sont des équipages brillants, attelés en troïka, avec trois chevaux de front, à la russe, et le cocher galonné ; des officiers à cheval, des troupes de Cosaques, des Orientaux en cafetans. C'est tout l'Orient qui défile devant nous.

Nous nous séparons, à Nijni, de trois de nos com-

-pagnons de route qui rentrent en France par Kiew, mais nous en avons trois nouveaux que nous avons pris à Moscou ; de sorte que nous restons treize pour descendre le Volga.

Sur le Volga, dimanche 16 Août.

Ce matin Mme Roger et moi avons entendu la messe dans une église polonaise. A trois heures, nous nous embarquons sur un bateau qui doit nous conduire à Kazan. Comme il y a peu d'eau dans le Volga, de grands bancs de sable sont à découvert ; chaque bateau est dirigé par un pilote à travers les écueils du chenal. Nous marchons très lentement ; à chaque instant il faut jeter la sonde pour savoir si l'on peut passer, et nous entendons la voix des matelots qui se répondent : *Diat, chest, sieme, Vosseme, Diewiat, Tchètyre* ; on ne passe plus.

Nous pensions garder ce bateau jusqu'à Kazan ; mais les eaux sont trop basses, et l'on nous dit que nous allons changer d'embarcation et prendre un bateau plus petit. Où est donc le grand steamer américain qu'on nous avait promis ? Le pont est encombré de ballots et de la cohue des passagers des troisièmes ; les cabines sont combles ; heureusement que j'ai la mienne, que je partage avec Mme Roger.

Puisque je n'ai rien à faire, je me fais donner quelques détails sur la foire, et voici ce que j'apprends : La foire de Nijni-Novgorod remonte au XVe siècle ; elle se tenait alors près de Kazan, ensuite près du cloître de St-Macaire, le 25 juillet, jour de la fête du saint. Depuis 1816 elle se tient à Nijni. La valeur des marchandises a été jusqu'à deux cent cinquante millions de roubles : trente millions de laines et lainages ; quarante-cinq millions de bois, fruits secs, et graines oléagineuses ; soixante-dix millions de soies et soieries ; vingt-cinq millions de métaux ; trente millions de thé ; six millions de coton ; dix millions de fourrures. C'est surtout l'Asie, la Boukarie, le Khiva, le Turkestan, la Perse, qui entretiennent ce trafic considérable ; l'Europe occidentale n'y entre que pour huit à dix millions.

Les Kouptiz, marchands de la foire, remplissent les cabines des secondes ; les Moujiks barbus, les Tartares enveloppés d'une grande peau de mouton, sont sur le pont. C'est un spectacle assez original. Je m'amuse un instant à contempler cet assemblage bizarre ; puis je vais me coucher dans ma cabine, sur ma banquette rembourrée de cuir, sans draps ni couvertures ; il est vrai qu'il fait assez chaud pour s'en passer ; mais, c'est égal, j'aimerais mieux voyager à la russe : c'est moins dur.

Sur le Volga, mercredi, 19 août.

Notre navigation est toujours lente et difficile, et nous venons de passer deux journées pleines d'ennuis et de péripéties. Les eaux du Volga sont de plus en plus basses ; nous trouvons à chaque instant des bâtiments en détresse remplis de marchandises ; notre bateau se heurte contre un banc de sable, et il faut attendre cinq ou six heures que des petites barques viennent nous prendre et nous transportent sur un bateau plus petit. Nous sommes embarqués pêle-mêle, et transbordés dans un autre bateau; puis installés sur un quatrième bateau qui semble être définitif. Mais nous sommes en retard: On se jette tout habillé sur ses couchettes avec l'espoir de débarquer à Kazan ; notre espoir est déçu ; nous avions douze heures de retard, et il était impossible de faire escale pendant la nuit.

Notre nouveau bateau est très petit. Je partage toujours la cabine de Mme Roger, et je n'ai que ma banquette pour dormir, avec mon sac de voyage pour oreiller. Nous sommes ainsi installés pour cinq ou six nuits.

La nuit dernière nous avons échoué sur un banc de sable, et nous attendons qu'un remorqueur vienne nous en sortir. Pour cela, on fait descendre les passagers de troisième classe, on vide la chaudière, puis on remonte les passagers et l'on remplit de nouveau la chaudière. Ce transbordement a duré toute la nuit.

Nous sommes arrivés ce matin à Samara, avec trente-deux heures de retard. Aussitôt toute la population se précipite vers le débarcadère, et nous faisons connaissance avec tous les véhicules de l'Oural : les lourds tarantass, les pavoskas ventrus, les lineikas ; chacun nous offre le sien. Et c'est en lineika, petit char-à-banc à siège longitudinal, que nous faisons le tour de la ville, au milieu d'un tourbillon de poussière.

Samara est une ville de cinquante à soixante

mille âmes. Il s'y fait un commerce considérable, et il y a maintenant un chemin de fer jusqu'à l'Oural. La chaleur augmente toujours.

Jeudi, 20 août.

Nous continuons notre navigation sur le Volga, mais elle devient facile, et nous filons vite. Le fleuve s'élargit à la hauteur de Kazan : il a déjà trois kilomètres de largeur.

Fleuve capricieux et superbe, il décrit de nombreux lacets, ronge, entame, et dévore d'un côté ce qu'il abandonne de l'autre; aussi le chenal change constamment de place et suit le cours du fleuve.

Et puis, nous commençons à nous habituer à notre maison flottante et le temps nous semble moins long. La cuisine n'est pas mauvaise; nous avons tous les jours de bons poissons du Volga et du caviar excellent. Enfin nous arrivons à Saratow à deux heures.

Saratow, ville de cent mille âmes, s'étend à une grande distance, et de loin elle produit un bel effet avec ses nombreuses coupoles peintes en vert. Cette ville, qui avait autrefois un excellent port, le voit s'enliser de jour en jour; une longue chaussée en bois, de plusieurs kilomètres, est posée sur le sable, et la distance devient de plus en plus grande. Il est donc indispensable de construire un nouveau port pour éviter la ruine de son commerce.

Les rues sont larges et mal pavées, les maisons

sont basses ; la chaleur et la poussière nous aveuglent. J'ai remarqué à Saratow un grand nombre d'affiches françaises : coiffeurs, modes, lingerie, confections, pâtissiers. Que peuvent faire ces gens-là dans un pays pareil !

Astrakan, samedi, 22 août.

Hier nous avons fait escale à Tzarisim, vers neuf heures, et nous avons aperçu des pélicans blancs. Nous sommes loin des baleines de la mer du Nord !

Ce matin, à dix heures, nous arrivions à Astrakan, et aussitôt après déjeuner nous prenions un petit bateau pour visiter un village kalmouk. L'air est embrasé, il fait une chaleur torride.

Les Kalmouks sont bouddhistes, et sont assez nombreux à l'embouchure du Volga. Leurs tentes sont rondes, construites en roseaux ; ils couchent sur des nattes et font leur cuisine au milieu de la tente : la fumée sort par où elle peut. Nous assistons à leur office religieux, au milieu d'une cacophonie épouvantable produite par toute sorte d'instruments plus discordants les uns que les autres. Les prêtres ont la tête rasée.

Les Kalmouks sont fort laids ; c'est le type mongol ou lapon : teint jaune, nez épaté, pommettes saillantes, yeux bridés, et les cheveux longs, gras et luisants, retombant sur leur visage.

Les hommes ont peu de barbe et ne se distinguent guère des femmes.

Celles-ci sont chargées de bijoux, et notre société leur achète leurs grosses boucles d'oreilles dont elles semblent se défaire assez facilement.

La ville d'Astrakan ressemble à toutes les villes du Volga : longues rues, maisons basses, beaucoup de poussière et de soleil. Nous avons la bonne chance d'y trouver un hôtel français, et de manger de la cuisine française qui nous repose un peu des zakouskis et des viandes fumées. Les chambres sont bonnes ; mais les lits étaient durs : c'étaient de vraies planches. J'en ai encore les côtes endolories.

C'est à Astrakan que l'on mange les meilleures pastèques et je les ai trouvées délicieuses. C'est un fruit rafraîchissant par cette grande chaleur, et je mords à belles dents dans cette chair rouge toute parsemée de graines noires. Les poissons du Volga, très abondants, sont d'un bon marché fabuleux : un brochet de douze à quinze livres vaut cinquante kopeks, et une carpe de dix à douze livres se vend vingt kopeks. C'est aussi à Astrakan que l'on pêche le meilleur caviar. Le premier convoi d'esturgeons donne lieu à des fêtes, à des réjouissances publiques, et le premier caviar (en russe, *ikra*) est envoyé à l'empereur par un courrier spécial.

Sur la mer Caspienne, dimanche, 23 août.

Me voici sur cette mer Caspienne que j'ai tant redoutée depuis le commencement du voyage. On m'avait dit qu'elle était toujours mauvaise, que les bateaux étaient affreusement mauvais et chauffés au pétrole ; il est vrai aussi qu'on m'avait dit que ceux du Volga étaient excellents.... Il y aura peut-être compensation!

Nous montons d'abord sur un petit ponton, où nous sommes entassés les uns sur les autres, pendant cinq heures ; maintenant nous voici installés sur l'*Alexandre III* ; c'est, dit-on, le meilleur de la Compagnie Caucase et Mercure, qui va nous transporter jusqu'à Bakou.

Il n'est pas mauvais, et la mer Caspienne ne paraît pas terrible. Je vais me coucher, toujours sur ma banquette. On s'habitue à tout.

Sur la mer Caspienne, lundi, 24 août.

Décidément la mer n'est pas mauvaise, mais le bateau manque d'aplomb, et nous avons un peu de tangage. Trois de nos messieurs restent dans leurs cabines, toutes les dames sont vaillantes ; nous arrivons à Petreski à cinq heures du soir. Nous n'avons pas le temps de descendre, et nous nous contentons de voir, du large l'aspect de la ville. Nous approchons de Bakou ; la chaleur est toujours torride, l'odeur du pétrole nous prend à la gorge, on étouffe partout.

Encore demain.

Bakou, 26 août.

Nous sommes arrivés ce matin vers dix heures, et nous sommes installés à l'hôtel d'Europe. J'ai, pour ma part, une petite chambre donnant sur une galerie vitrée où l'on étouffe. C'est une véritable serre chaude, où les vers à soie pourraient filer leurs cocons avec volupté, mais où de simples mortels comme moi sont dans une étuve. Enfin je suis à Bakou !

Nous partons pour visiter les puits de pétrole qui appartiennent à un Allemand, M. Dubourg. Une odeur âcre vous saisit, l'air en est saturé, et ces puits, d'où l'on tire le pétrole noir et gluant, sont affreusement sales. Dans l'ancien Monastère des Feux éternels, des flammes s'échappent de tous côtés, les prêtres boudhistes avaient exploité ce feu pour leurs mystères, en faisant dévorer par les flammes les victimes désignées pour les sacrifices. Ce feu est employé maintenant pour des fours à chaux.

Les routes de Bakou sont de véritables fondrières. Tantôt les voitures roulent sur une poussière épaisse ; tantôt elles s'enfoncent dans des trous, des ornières, grimpent sur des rochers, retombent dans d'autres ornières plus profondes, et les cochers tartares nous conduisent avec une rapidité qui donne le vertige. On roule, on saute, on vole ; je m'accroche à la voiture, et je suis aveuglée par la poussière.

Nous visitons ensuite l'ancien Palais des rois

Tartares. C'est un peu la Kasbah d'Alger, et une petite réduction de l'Alhambra de Grenade. De la terrasse on a une vue splendide ; mais pour y arriver quelle chaleur ! Le soleil darde sur nous ses rayons de feu, la sueur perce nos vêtements : C'est à en mourir !

Puis nous voyons les bazars qui sont curieux et qui rappellent ceux de toutes les villes d'Orient. Sur l'extrême limite de l'Europe, c'est surtout au Bazar que l'on trouve tous les mélanges de races, et les types les plus curieux de l'Asie centrale.

Le Bazar de Bakou, grand, couvert, est fréquenté par des gens de toutes races, qui circulent dans les ruelles sombres et humides, où se rencontrent toutes les marchandises de l'Extrême-Orient. On y voit des tapis de la Perse et du Khiva, des peaux de mouton, de la soie, mélangés avec les produits russes et quelques objets de manufacture anglaise : de la cotonnade, du sucre, de la coutellerie. Mais ce qui le rend plus attrayant, c'est ce mélange de types asiatiques : Kirghiz, Tatares, Sartes, Kalmouks, Ouzbegs, vêtus de la houppelande ou du khalat, et coiffés d'énormes bonnets en peau de mouton.

Nous partons en voitures pour visiter les raffineries de pétrole de M. Nobel, un Suédois qui est mort il y a trois années et a fondé ces raffineries. Les établissements de M. Nobel occupent aujourd'hui quinze cents ouvriers, et l'on y voit le pétrole, depuis qu'il jallit des puits, épais et bourbeux, jusqu'à sa dernière clarification. Le résidu sert à chauffer les bateaux qui naviguent sur le Volga et sur la mer Caspienne. Le pétrole, ainsi raffiné, s'échappe par des conduits qui l'amènent directement dans les bateaux qui appartiennent à l'usine, et de là il est expédié dans le monde entier.

Nous avons visité l'établissement dans ses plus grands détails, sous la conduite d'un ingénieur de la Compagnie ; quelques-uns de ces messieurs, plus experts que moi, y prenaient grand intérêt. Puis le directeur nous a engagés à prendre le thé, et nous avons été reçus dans une habitation charmante, meublée à l'orientale. Tous les salons sont tendus d'étoffes d'Orient et couverts de tapis de Perse. Un très beau jardin est entretenu par de l'eau naturelle, que M. Nobel fait venir à grands frais par ses bateaux qui partent chargés de pétrole.

Nous sommes reçus, à notre arrivée, au chant de la Marseillaise ; puis on joue l'hymme russe que nous acclamons de nos vivats, et l'on nous régale d'un thé exquis comme on n'en prend qu'en Russie et d'une collation délicieuse, arrosée des meilleurs vins français : Château Yquen, Mouton Lafitte, Champagne Cliquot, sont fêtés tour à tour, et nous trinquons à nos aimables hôtes et au chaleureux accueil qui nous est fait.

De Bakou nous devons revenir par Tiflis, à travers le Daghestan et le pays des Lesghiens, par une voie ferrée récemment ouverte. Je ne puis m'empêcher de jeter un regard d'envie sur ces bateaux qui partent demain, et qui traversent la mer Caspienne pour aborder sur l'autre rive. Krasvodsk, Ouzoum, Ada, c'est la porte du Turkestan, de la Boukarie, de Samarkand ! Et le regard embrasse tous ces pays si peu connus, ouverts aujourd'hui à la civilisation, au progrès, grâce au chemin de fer du Général Aunenkoff, et vers lesquels Vambéry seul avait osé pénétrer en habit de Derviche, et en demandant l'aumône.

Que de progrès depuis ce temps-là ! Et quand je pense que la voie ferrée traverse toutes ces contrées, que l'on peut aller librement de Paris à Samarkand, et, dans quelques années, jusqu'à Pékin !...

Boukara la Noble me faisait rêver ; mon imagination était remplie des beautés de Samarkand ; enfin j'étais fascinée par cet inconnu qui m'attirait là-bas. Malheureusement je n'étais pas seule, ou plutôt j'étais seule à rêver, et il a bien fallu mettre des bornes à mes désirs. Demain nous partirons donc pour Tiflis, la perle du Caucase !

Tiflis, vendredi, 28 août.

Partis hier de Bakou à midi, nous sommes arrivés ce matin à Tiflis. Cette fois j'ai eu la chance de voyager avec une gentille petite Polonaise qui m'a forcée d'accepter la moitié de son lit. Je l'ai remerciée des yeux, ne pouvant le faire autrement, car elle ne comprenait pas un mot de français, et j'ai pu dormir une partie de la nuit.

C'est d'ailleurs bien dommage de voyager la nuit, dans un pays inconnu, et de ne pouvoir en admirer tous les paysages. Pour cette fois, il était impossible de faire autrement, un seul convoi faisant le service chaque jour de Bakou à la capitale du Caucase. On dit que nous n'avons pas beaucoup perdu, le chemin de fer traversant aujourd'hui les immenses steppes de Mougâne, tandis que la route de voiture, que suivaient autrefois les chariots de poste, était admirable et présentait les aspects les plus variés.

L'arrivée de Tiflis est une merveille. La ville est entourée de tous les côtés par les montagnes du Caucase, et traversée par la Koúrra, rivière sale et bourbeuse, encaissée dans un profond ravin. Nous contournons longtemps la montagne, par d'innombrables lacets, avant d'entrer à Tiflis, et déjà nous avons un avant-goût de cette ville si curieuse et si pittoresque. Sa situation est ravissante. Toutes les maisons semblent accrochées aux rochers qui surplombent le ravin, et sur chaque colline on aperçoit un monastère ou un vieux fort démantelé.

Nous avons enfin trouvé un hôtel excellent, où nous allons nous reposer pendant quelques jours : ma chambre donne sur une terrasse ; j'ai une vue superbe devant les yeux, et sous mes pieds un tapis de Perse. C'est vraiment le Paradis du Caucase.

Tiflis, ville de 120.000 âmes est la ville des contrastes, où se mélangent tous les éléments de l'Europe et de l'Asie. Elle se compose de trois villes distinctes, et sa population comprend au moins une demi-douzaine de races différentes ; d'abord, pour l'Europe, des Russes et des Allemands ; puis des Géorgiens, des Mingréliens, des Persans, des Tatars, des Arméniens, et toutes les races du Caucase pour l'Asie.

La ville russe a de larges rues bien alignées, de belles maisons, et de beaux magasins à l'européenne ; un superbe boulevard planté d'arbres, le Golovinski Prospect, la traverse dans toute sa longueur. C'était là que résidait autrefois le Grand Duc Michel, dans un somptueux Palais où lui a succédé le Prince Doudoukoff, Gouverneur général du Caucase.

Le vieux Tiflis s'allonge au bas de la Koura, et présente une dédale de ruelles étroites et tortueuses, pleines de boue et de poussière ; un fouillis de boutiques de bric à brac, de cuisines en plein vent, d'ateliers ouverts, où tous les métiers s'exercent sous les yeux des passants. Nous ne sommes plus en Europe, mais dans une ville de la Perse, où nous voyons les mêmes scènes et la même population que nous verrions à Téhéran.

Chaque industrie, chaque commerce a son quartier ; les échoppes ne sont élevées que d'un pied au-dessus du niveau de la rue, et le marchand se tient accroupi par terre, assis sur les talons, au milieu de ses marchandises. Il y a la rue des selliers, la rue des tailleurs, la rue des armuriers, la rue des cordonniers, la rue des chaudronniers. Ceux-ci font un tapage infernal en frappant sur le cuivre avec leurs lourds marteaux de fer.

L'une des rues les plus curieuses de Tiflis est celle des boulangers, où j'ai vu faire le pain comme je l'avais vu faire dans les montagnes du Liban. Leurs fours sont d'énormes vases en terre, en forme de tonneaux, de deux mètres de profondeur, enfoncés dans le sol jusqu'au bord. Les galettes, appliquées sur les parois intérieures du vase y restent adhérentes et cuisent lentement, sous l'influence d'un feu de braises entretenu au fond du vase.

J'avais déjà vu ces boulangers plonger la tête dans ces singuliers fours, soit pour retourner les pains, soit pour alimenter le feu, et je m'étais demandé comment ils n'en sortent pas cuits comme leurs galettes.

Je crois que, dans toutes les villes orientales, l'une des choses les plus intéressantes à voir c'est le Bazar. J'aime assez rapporter quelques souvenirs de tous les pays que je parcours ; puis, c'est au Bazar que l'on juge des coutumes, des usages et des habitudes de la vie indigène. On les prend sur le vif, on se mêle avec eux, et les monuments m'intéressent davantage quand je connais les habitants. A Tiflis, c'est toujours l'élément Persan qui domine, et on reconnaît facilement les descendants de la Perse à leur longue robe et à leur bonnet d'astrakan.

Le Bazar des fourrures est également très curieux. On y voit des peaux de tigres, des peaux d'ours du Caucase, puis des peaux d'astrakan, de renards, et des chèvres du Daghestan. Le Bazar des tapis contient des tapis de Perse, de Bagdad, du Khiva, et de toute l'Asie Centrale. Les indigènes en font une grande consommation, et ne doivent pas les payer très cher ; il n'en est pas de même pour nous, et je m'aperçois que les prix qu'on nous demande sont plus élevés qu'en France.

Nous avons aussi le Bazar des armuriers où l'on fabrique de superbes couteaux à gaîne dorée, d'un travail merveilleux, et que tout habitant du Caucase doit porter à sa ceinture. On nous montre des poignards longs d'un mètre que l'on estime jusqu'à deux cents roubles.

Nous visitons ensuite un Musée très intéressant, renfermant tous les animaux, oiseaux, poissons, insectes qui se trouvent dans le Caucase ; puis les minéraux, les antiquités, et les costumes variés des habitants.

Jamais je n'avais vu de races aussi différentes qu'à Tiflis. Après les Persans, les Tatars sont presque aussi nombreux et forment une population flottante. Les Arméniens sont les plus rusés et les plus aptes aux affaires ; le commerce est presque entièrement entre leurs mains, et l'on dit dans le pays que, pour savoir tromper son client, un Arménien vaut trois Juifs. Enfin, les Géorgiens sont aussi nombreux, puisque Tiflis a été la Métropole de l'ancien royaume de Géorgie, et ils sont tous Princes, tout au moins nobles, quoiqu'en général ils soient très pauvres. Les Géorgiennes sont belles ; elles ont conservé leur coquette coiffure, sorte de diadème accompagné d'une voile en mousseline blanche qui retombe sur leurs épaules. Je leur reproche de se ressembler tellement, que lorsqu'on en voit une on croirait les voir toutes.

Nous traversons ensuite le jardin zoologique pour monter à l'ancienne forteresse de Tiflis, défendue par Schamyl, et démantelée par les Russes. De cette forteresse, il y a une vue admirable sur Tiflis et sur les montagnes du Caucase.

Tiflis, samedi 29 août.

On vient de nous dire que la route du Caucase est coupée par des éboulements et que l'on ne passe pas. Revenir sur ses pas et renoncer au kasbek, ce n'est pas possible. Les messieurs veulent traverser quand même, à pied ou à cheval ; les dames disent qu'elles passeront également, et ne veulent pas reculer. Nous verrons demain.

Nous visitons d'abord plusieurs églises arméniennes. Les Arméniens sont riches et nombreux à Tiflis ; leur Patriarche réside dans un superbe monastère bâti sur l'une des collines voisines. C'était aujourd'hui une de leurs fêtes, et nous sommes allés les voir au Monastère de St-Georges, et admirer les belles Géorgiennes. Puis nous voyons une ancienne maison Tartare, et surtout nous ne nous lassons pas de parcourir ces rues, ces bazars, et de regarder cette foule si bariolée et si bizarre.

Nous passons la soirée dans un jardin public, où la haute société se rend le soir pour entendre la musique et prendre le frais. C'est là qu'on peut voir les princesses Géorgiennes, les femmes russes et les Arméniennes dans leur costume national. Toutes les langues s'y parlent, c'est une véritable Tour de de Babel.

Tiflis est, en été, l'une des villes les plus torrides du monde ; la chaleur est affreuse, et la plupart des gens riches la désertent, pour se réfugier dans les montagnes qui sont couvertes de ravissantes villas.

Vladikawkas, mardi, 1ᵉʳ septembre.

Nous devions passer le Dimanche à Tiflis, mais nous étions toujours incertains de savoir si l'on pourrait traverser le Caucase. Les messieurs voulaient absolument partir ; d'autres redoutaient la fatigue et craignaient de rester en route ; enfin le dimanche la question est résolue et nous partons, seulement le départ est avancé d'un jour.

La route militaire du Dariel est la seule voie carrossable qui traverse cette grande chaîne de montagnes, longue de mille kilomètres : et, chaque jour, à huit heures du matin, une diligence part de Tiflis pour Vladikawkas. Ce voyage, l'un des plus beaux qui existe, dit-on, se fait régulièrement en deux jours, avec une nuit de repos à moitié chemin. Le premier jour on va jusqu'au pied de la grande muraille qui sépare l'Europe de l'Asie ; le lendemain on gravit la muraille, et l'on traverse ce magnifique défilé du Dariel, qui s'ouvre au centre de la partie la plus grandiose de la montagne.

Comme la route est coupée, on la répare en toute hâte, et la diligence ne circule pas encore ; nous prenons donc des voitures qui doivent nous conduire aussi loin qu'on peut aller, bien décidés à faire à pied le reste du chemin.

La première journée est peu intéressante ; les montagnes sont dénudées et la chaleur est atroce. Nous relayons dans de misérables villages où les habitants ne mangent que du pain noir : nous sommes à Mschett, l'ancienne capitale du royaume de Georgie ; et pendant que les postillons changent de chevaux, nous jetons un coup d'œil à la belle basilique qui renferme les restes des Princes. Vue à distance, Mschett est très pittoresque ; dominée par un vieux château ruiné, la vieille capitale commande l'étroite vallée par laquelle la Koura descend des montagnes, pour aller se grossir et rouler ses eaux sales et jaunâtres sous les murailles de Tiflis.

Pendant plusieurs kilomètres la route court en droite ligne dans une large vallée, où l'on rencontre de distance en distance quelques *doukhans*, grossières constructions faites de troncs d'arbres, et dont l'intérieur paraît très misérable. Pas un habitant, quelques oiseaux au plumage vert sont perchés sur les fils du télégraphe, et des aigles planent dans l'air.

Vers le milieu du jour on s'arrête pour déjeuner dans une station de Poste. Heureusement nous y avons pourvu, et nous avons porté notre déjeuner de Tiflis, car il n'y a que des œufs, du pain noir et le *chtchi*.

Bientôt commence l'ascension de la montagne par de nombreux lacets parfaitement tracés. La montée est rude, et le soleil darde sur nous ses rayons de feu ; nous avançons péniblement et nous nous arrêtons à Passanamour pour passer la nuit. Passanamour est une station de la Poste où l'on ne trouve que des banquettes sales et graisseuses ; point de draps, mais en revanche des petites bêtes et des insectes de toute sorte. Les Russes qui sont obligés de s'arrêter dans ces stations ont soin d'apporter avec eux les objets nécessaires ; d'ailleurs il est rare qu'un Russe s'y arrête pour dormir, la règle étant de voyager jour et nuit, mangeant quand on peut, dormant en voiture, et marchant toujours jusqu'à destination.

Le lendemain nous arrivons à Mlet, station ordinaire de la Poste, et nous continuons à gravir la montagne : l'air frais du matin dilate la poitrine, on pourrait se croire dans les hautes régions des Alpes. A ces hautes altitudes les villages ont disparu. La station de Goudaour, située à peu de distance du col qui sépare l'Europe de l'Asie, a un observatoire ; le col lui-même est à l'énorme altitude de 2442 mètres au-dessus du niveau de la mer. Les Russes y ont érigé une croix en pierre qui donne son nom au passage. A quelques pas de la route séjournent de gros amas de neige que le soleil d'août n'a pu parvenir à faire fondre.

Koobi, célèbre par ses cavernes de troglodytes, est le premier village situé sur le versant européen ; il est à 2.000 mètres d'altitude. On y voit un autel érigé par les Ossètes, où ils offrent des sacrifices selon un rite mi-chrétien, mi-païen. L'autel est orné de cornes de chèvres sauvages.

Au delà de Kobi on commence à apercevoir le géant du Caucase, le Kasbek, qui se dresse de toute sa hauteur de 5.043 mètres, et nous découvre sa blanche coupole de neige et son royal manteau d'hermine. Le Kasbek, qui a longtemps passé pour la plus haute cime du Caucase, a été gravi pour la première fois, il y a une vingtaine d'années, par trois Anglais, qui s'étaient fait accompagner par des guides suisses, et qui n'ont pu accomplir leur ascension qu'au prix des plus grands dangers. Aujourd'hui le Kasbek est détrôné par le Dychtan, dont le col neigeux se dresse à l'Ouest à 5158 mètres ; puis l'Elbrouz, qui est, en effet, non seulement la plus haute cime du Caucase, mais de toute l'Europe, car elle dépasse le Mont Blanc de plus de huit cents mètres. Son altitude, d'après les dernières déterminations, est de 5611 mètres ! C'est du vertige !

Nous couchons à la station du Kasbek, en face du fameux pic, tout couvert de neige, dans le site le plus pittoresque et le plus sauvage qu'on puisse rêver. Nous sommes dans une gorge étroite, où coule un torrent sur lequel est jeté un petit pont de bois, et que surplombent les plus hautes montagnes d'Europe. Cette fois c'est bien le Caucase ! Nous admirons, nous rêvons, nous oublions toutes nos fatigues, et nous sommes disposés à en supporter d'autres encore. La petite bande est ravie, enthousiasmée ; avec quelle joie nous boirions le champagne, et nous ferions sauter les bouchons en l'honneur du roi des Montagnes.

A partir du Kasbek, il n'y a plus de route. Les derniers orages ont produit des éboulements qui l'ont rendue impraticable ; et le torrent, grossi par la fonte des neiges, a tout entraîné sur son passage. On nous amène des chevaux, et nous grimpons à califourchon sur nos montures, sans savoir si nous pourrons traverser le torrent, mais bien décidés à aller jusqu'au bout. Après sept à huit kilomètres nous sommes en face du torrent; il a tout envahi, et les chevaux ne peuvent plus passer. Des hommes du pays, occupés à réparer la route, nous prennent sur leurs épaules pour nous faire traverser cet endroit difficile, et nous continuons notre route à pied.

Heureusement l'ascension est terminée; nous commençons à descendre le versant opposé de la montagne et bientôt nous nous trouvons dans un défilé étroit, encaissé entre des murailles de granit qui s'élèvent menaçantes, terribles, à 1200 mètres de hauteur. Derrière ces prodigieux remparts surgissent, plus hautes encore, des cîmes neigeuses, tailladées en scies, hérissées de clochetons et de tours aiguës. Nous sommes dans les gorges du Dariel! Enfermé dans cette muraille de granit, le Teck se tord, et mugit d'une voie sourde et caverneuse dans les sombres profondeurs de cet abîme; le soleil cache sa lumière pour nous en dissimuler toutes les horreurs : rien ne peut donner l'idée de ce site sauvage, qui dépasse tout ce qu'on peut rêver. C'est grandiose ! C'est sublime ! C'est horriblement beau !

Toute la petite bande est empoignée. Nous sommes réellement en extase !

A l'entrée du défilé, les Russes ont élevé un fort flanqué de tours, percé de meurtrières qui en ont fait un passage infranchissable. Il n'existe peut-être pas au monde une plus forte position militaire, où quelques hommes suffiraient à arrêter une armée entière.

A la gorge du Dariel succède une large vallée, où coule librement le Terck, et nous arrivons à Lars, où nous retrouvons des voitures qui nous conduisent à Vladikawkas, la ville la plus excentrique de la vraie Russie : elle est à 2.000 kilomètres de Moscou.

Vladikawkas, dont le nom signifie chef du Caucase, est une place forte importante qui commande l'entrée de la route du Dariel. C'est aussi un centre commercial, à cause du chemin de fer de Rostow qui se relie au réseau russe, et par lequel passent toutes les marchandises qui vont en Asie. La ville, avec ses rues droites et ses maisons basses, est peu intéressante ; mais, ce qui fera que j'en garderai toujours le souvenir, c'est la vue admirable que l'on a des montagnes du Caucase au soleil couchant. Le superbe Kasbek, au pied duquel j'étais ce matin, se profile avec une telle netteté dans la pure atmosphère qu'on croit le toucher. Je le contemple encore longtemps, et mes yeux ne peuvent s'en détacher.

Rostow, jeudi, 3 septembre.

De Vladikawkas à Rostow, il n'y a qu'un train par jour qui part à sept heures du matin, et s'il arrive de le manquer il faut attendre jusqu'au lendemain. La distance entre les deux villes est de sept cents kilomètres, et l'on met vingt-sept heures pour les franchir. Encore un jour et une nuit !

Pendant que le train court à travers la steppe, je me tiens à la fenêtre du wagon pour ne pas perdre de vue le magnifique panorama de la chaîne Caucasienne. C'est précisément la partie la plus élevée que j'aperçois et qui fascine mon regard : c'est le Kasbek dont les glaciers étincellent au soleil ; le Dychtan, dont le cône splendide se dresse à l'Ouest, et l'air est d'une limpidité si grande qu'il me semble toucher du doigt ces brillantes cuirasses de glace. Puis, à mesure que le soleil s'élève, les vapeurs envahissent les couches inférieures et ne laissent plus voir que les sommets, qui semblent flotter dans le ciel comme des nuages.

La chaleur est écrasante, le wagon où je suis enfermée est une étuve, la steppe est brûlée, et de ces herbes sèches s'élève le cri monotone d'un million de cigales. Il paraît même que parfois ces herbes s'allument spontanément sous les feux d'un soleil tropical.

Enfin, nous sommes à Rostow, ville peu intéressante, aux larges rues remplies de poussière et aux maisons sans étage. Nous visitons par un soleil de plomb un village, un jardin, une église arménienne, la cathédrale, le monument d'Alexandre III et une fabrique de cigarettes. Demain, nous partons pour Sébastopol à neuf heures du matin, et nous arriverons dimanche à sept heures. Quelle perspective ! Deux jours, deux nuits ! Quarante-six heures de chemin de fer par une chaleur pareille !......

Sébastopol, dimanche, 6 septembre.

Je suis donc à Sébastopol. Quel voyage ! Je suis sûre qu'à midi il y avait cinquante degrés de chaleur dans nos wagons. On fondait littéralement !

De Rostow à Sébastopol on ne voit que des steppes sans fin, couvertes de blé aux mois de juin et de juillet, et maintenant desséchées par un soleil implacable. Pas un arbre ! Pas un atôme de verdure ! Pas un brin de mousse ! Et quand on pense que ces immenses plaines sont couvertes de neige pendant l'hiver, on en cherche des traces, et l'on voudrait en retrouver quelques vestiges pour se rafraîchir.

La végétation est si active, que la récolte se fait au mois de juillet comme en France.

Les chemins de fer ne vont pas vite, et il faut s'arrêter au moins un quart d'heure dans chaque station pour faire le bois ; mais, quand il faut déjeuner, c'est à la vapeur qu'on avale un potage brûlant, un biftek et une omelette. Les Russes ne doivent pas avoir l'habitude de prendre de repas en voyage : ils se contentent du *tchaï* qu'ils absorbent à chaque station, et qu'on leur sert tout bouillant en sortant du samovar.

De loin en loin nous apercevons de nombreux *tumuli*. Ces tombeaux primitifs, connus sous le nom de *Kourganes*, sont très anciens, et renferment souvent de grandes figures en bois grossièrement sculptées.

Mais je suis arrivée. J'ai une bonne chambre, de l'eau à discrétion, et j'en profite pour faire ma toilette, et me livrer à des ablutions dignes des enfants de Mahomet.

Nous partons après déjeuner pour visiter Chersonnèse, ancienne colonie grecque détruite par les premières invasions. On y retrouve des ruines importantes, de nombreux châpiteaux, des feuilles d'acanthe. Le paysage ressemble à celui de la Grèce : ce sont les mêmes montagnes roses, et l'on se croirait à Athènes. Sur les ruines de Chersonnèse on a construit un monastère et une belle église dédiée à Saint-Vladimir.

Puis nous allons au cimetière français, où sont enterrés les soldats et les officiers tués en 1855, au siège de Sébastopol. C'est un pèlerinage que nous ne pouvions manquer d'accomplir.

En 1876, le Gouvernement, ému des observations faites par des voyageurs, s'entendit avec la Russie pour donner un lieu de repos convenable à nos braves soldats. Un hectare de terrain a été concédé à cet effet à la France, et nous sommes reçus à la porte du cimetière par un officier français, adjudant du génie, qui en a la garde. C'est avec émotion que je salue le drapeau français et que je retrouve un petit coin de la France.

Au centre est une chapelle où reposent trois généraux de brigade, un général de division, et les aumôniers militaires. Une lampe brûle constamment dans cette chapelle, et le service divin y est célébré aux principaux anniversaires. Je m'agenouille sur un Prie-Dieu, et je récite un *De Profundis* pour les braves qui reposent ici, loin de la France, il est vrai, mais sur une terre française. Tout autour du cimetière, le long des murs, on a construit dix-sept chapelles semblables, dans lesquelles on a rapporté les restes des officiers et des soldats morts pendant le siège ; et sur chaque chapelle sont inscrits, sur des plaques de marbre, les noms des officiers et les différents corps d'armée auxquels ils ont appartenu.

Les soldats ont aussi leur monument et reposent à côté de leurs chefs.

En sortant du cimetière nous allons sur l'éminence où se trouvait la Tour Malakoff, aujourd'hui en ruines. Elle domine la ville de Sébastopol. Nous apercevons le Mamelon Vert, et nous suivons des yeux la position stratégique de notre armée et des différents corps anglais et piémontais qui s'emparèrent de la Tour Malakoff et forcèrent les Russes à se retirer.

Et voilà comment nous nous battons pour les Anglais, pour ce peuple égoïste qui ne nous aime pas et comment la France prodigue le sang de ses soldats, son or et sa sa valeur pour une vaine gloire.

Yatta, lundi 7 septembre.

Nous venons de faire une promenade délicieuse qui nous a bien dédommagés de toutes nos fatigues.

Parti ce matin de Sébastopol dans de bonnes voitures attelées de quatre chevaux de front, à la russe, nous filons à une vitesse de seize à dix-huit kilomètres à l'heure. Nous roulons d'abord sur une route plate et poudreuse, au milieu d'un tourbillon de poussière ; puis nous nous élançons à travers champs dans la steppe, quittant la grande route pour le chemin le plus court, galopant à travers les ornières, sans souci des cahots qui nous brisent les os. C'est l'usage en Russie.

Nous laissons à droite le cimetière français ; à gauche, sur une hauteur qui rappelle la Superga ;

le cimetière Piémontais; nous sommes à Inkermann, célèbre par nos victoires, et nous filons toujours dans les steppes poudreuses, de toute la vitesse de notre troïka. C'est une exquise volupté de se sentir ainsi emportée dans cet immense océan des steppes ; doucement on se laisse aller à la rêverie, et l'on perd la notion du temps et de l'heure. J'avais oublié la terre entière, et je me sentais heureuse de vivre !

Tout à coup une porte s'ouvre devant nous, et nous découvre un panorama splendide : nous sommes à la Porte de Baïrof. Ce n'est plus la Russie : c'est la Corniche de Nice, c'est la Côte d'Azur, ou le Golfe de Naples. A gauche, des montagnes, des arbres, de la verdure; à droite les flots bleus de la mer, et nous continuons ainsi notre promenade délicieuse jusqu'à Yalta.

Yalta ! C'est le bijou de la Russie ! Quelle station charmante ! C'est Nice pendant l'hiver, Vichy ou Luchon, avec son Casino, ses théâtres, ses hôtels splendides, son ciel si pur, et la mer qui l'entoure d'une ceinture d'argent.

Et puis j'ai un bon lit et des draps bien blancs, chose si rare en Russie. Comme je vais me reposer délicieusement, et faire ma toilette comme une véritable sybarite qui en a été longtemps privée !

Sébastopol, mercredi 9 septembre.

Hier nous étions partis de Yalta de bonne heure pour visiter Livadia, propriété particulière de l'Empereur, où il y a un parc splendide, de beaux arbres, et une très belle vue sur la mer. L'habitation Impériale est un chalet très simple, où leurs Majestés aiment à se reposer des splendeurs de Tzarkoë Selo et de Péterhoff; malheureusement les Rois et les Empereurs ont moins de liberté que leurs sujets, et la famille impériale n'est pas venue à Livadia depuis l'année 1886. Nous nous promenons sous ces beaux arbres, nous admirons ces vertes pelouses, ces corbeilles de fleurs, ces aspects si variés qui rappellent le golfe de Naples. Que je voudrais être pour quelques jours Empereur de Russie pour habiter ce charmant séjour !

Mais il faut encore faire ses adieux à Yalta et continuer notre route. Notre situation à nous, voyageurs, ne doit-elle pas être comparée à celle du Juif-errant, condamné à marcher toujours, et à ne s'arrêter jamais. Nous reprenons nos voitures, et, après avoir longé la mer, nous arrivons à Sinféropol, capitale de la Crimée, où nous passons la nuit.

La ville de Sinféropol m'a paru peu intéressante après Yalta. Nous sommes partis ce matin, avec nos quatre chevaux, et le même train d'enfer, pour arriver à midi à Bestcheraï. Nous quittons nos voitures pour laisser reposer nos chevaux, et nous en reprenons d'autres pour visiter une ancienne ville tartare qui a été abandonnée.

Cette ville est entièrement bâtie sur un rocher, et la plupart des maisons sont creusées dans le rocher même, comme j'en avais lu des descriptions pour Pétra, la ville de pierres ; enfin, elle est défendue par un rocher inaccessible. C'est étrange et sauvage! Je voudrais avoir quelques détails sur cette citadelle délaissée ; malheureusement nous avons un guide qui comprend à peine le français, qui le parle encore moins ; tout ce que nous pouvons savoir, c'est que cette ville, habitée autrefois par des Juifs caraïbes, a été abandonnée parce qu'elle ne leur offrait pas des ressources suffisantes.

Nous visitons ensuite un village tartare ; puis, dans la ville nouvelle, l'ancien Palais, ou Khan des rois tartares.

C'est en 1743 que le dernier Khan a fait sa soumission à la Grande Catherine, qui a logé dans ce Palais. Il est encore meublé et entretenu comme du temps des rois Tartares. Rien n'y a été changé.

La Princesse Potocká a été enfermée et retenue prisonnière ici ; et l'on dit qu'elle y a tant pleuré, que le Khan fit construire une fontaine, après sa mort, que l'on appelle la *Fontaine des larmes*.

Tous les habitants de Bestcheraï sont musulmans.

Sébastopol, jeudi, 10 septembre.

Nous avons visité ce matin le cimetière anglais. Les tombes sont isolées, et les officiers d'un grade plus élevé ont une tombe plus belle. Comme ils sont protestants il n'y a aucun emblème religieux. Le gardien du cimetière en a fait un petit jardin potager : c'est fort pratique et surtout bien anglais.

Puis nous allons voir le Monastère d'Inkerman. Il est creusé dans le rocher, et l'on y monte par de nombreux escaliers qui sont également creusés dans le rocher; on s'enfonce ensuite sous un tunnel où se trouvent plusieurs chapelles. On dit que le Pape Clément y fut enfermé par ordre de Trajan.

On célébrait au Monastère un office orthodoxe, et les Popes pontifiaient en grande cérémonie, avec des ornements ruisselants d'or et de pierres précieuses. Hier nous étions en plein pays musulman, aujourd'hui nous sommes dans une église grecque, au milieu d'un peuple catholique. Hier on se croyait à cent lieues de la Russie.

Nous visitons encore le Monastère de St-Georges, situé au bord de la mer ; pour, cela il nous faut traverser de nouveau une immense plaine poudreuse et sous l'ardeur du soleil. Le monastère est construit au fond d'un ravin, dans un site tout-à-fait sauvage; il est habité par une vingtaine de moines et l'on dit qu'il a été bâti au IXe siècle.

Odessa, samedi, 12 septembre.

Nous sommes à Odessa, mais cette fois ce n'est plus la Russie, on se croirait au Havre.

Le bateau qui nous a transportés depuis Sébastopol était au grand complet, surtout dans les premières classes, et toutes les cabines étaient remplies. Plusieurs messieurs croyaient avoir une cabine avec leurs femmes; mais il paraît que ce n'est pas l'usage en Russie, et que dans tous les bateaux il y a le côté des hommes et le côté des dames; il leur a donc fallu se séparer à leur grand déplaisir. La mer a été excellente, et nous sommes arrivés à Odessa à six heures du matin.

La ville est tout-à-fait moderne, il n'y a pas un monument. Les rues sont larges et bien pavées, ce qui est rare en Russie, où l'on a l'habitude de rouler sur des cailloux, et le plus souvent dans des ornières remplies de poussière. Les maisons sont hautes, régulières et semblent toutes neuves. Le parc Alexandrowa a été créé sous le règne d'Alexandre III, il en a planté lui-même le premier arbre lequel est entouré d'une belle grille.

Le quartier riche et aristocratique d'Odessa se trouve situé au bord de la mer dans un endroit appellé la Petite Fontaine. Nous y avons aperçu de beaux jardins et de jolies villas. Il y a aussi des restaurants, des cafés, des théâtres en plein air; on y fait de la musique, et c'est ici que la société se réunit et que l'on prend des bains de mer : c'est le Lyddo d'Odessa.

Le port est très important : c'est le plus commerçant de la Russie, où il n'y a pas de ports à proprement parler. Il ne faut pas compter les mers du Nord, presque toujours bloquées par les glaces, et qui baignent des côtes désertes, trop éloignées des centres de population et de productions. La mer Blanche et la mer Baltique ne sont navigables que pendant quatre à cinq mois de l'année ; la mer Caspienne est complètement fermée ; il ne reste que la mer Noire. Il n'est donc pas étonnant que tous les souverains de la Russie, depuis Pierre le Grand, aient jeté un œil d'envie sur le Bosphore, et qu'ils convoitent encore Constantinople.

Kiew, lundi, 14 septembre.

Hier était un jour de repos à Odessa ; à sept heures du soir nous partions pour Kiew.

Kiew, c'est la ville sainte de la sainte Russie !

L'arrivée est très pittoresque. On découvre tout à coup les hauteurs du plateau du Dniéper et au milieu d'un fouillis de verdure les hautes tours des monastères. Puis le train s'engage sur le superbe pont de fer de six cents mètres jeté sur ce fleuve, décrit une longue courbe à travers des terrains crevassés, et l'on entre en gare.

La ville de Kiew est fort ancienne ; plusieurs fois détruite par les Tartares, elle est aujourd'hui tout à fait moderne. Elle est construite sur des pentes irrégulières, et les monastères occupent les collines les plus voisines du Dniéper ; peu de villes offrent des sites aussi variés et aussi pittoresques. La vieille ville s'appelle Podol et l'on passe dans la ville sainte par la Porte Nicolas : c'est le Pitcherski. Le Lipki est la ville haute et aristocratique ; le Kreschatik est le nouveau quartier où sont les hôtels et le Palais Impérial.

Le boulevard, qui aboutit au fleuve par une pente assez raide, est le centre du mouvement et du commerce ; le long du Dniéper un amoncellement de terre a été transformé en terrasses et jardins publics, et l'on y voit la statue en bronze du grand Vladimir, l'un des patrons de la Russie.

Cette statue rappelle un grand fait historique et religieux. Vladimir, après s'être emparé des Etats de ses deux frères, en fait massacrer un et reste seul maître de la Russie. Il fait la guerre en Orient; puis il se reconcilie avec l'Empereur Bazile, qui lui donne la main de sa sœur Anne. C'est alors qu'il prend la résolution d'embrasser le rite grec. Il fait briser toutes les idoles les plus vénérées de la nation russe, entre autres celle de Peroum, Dieu de la guerre, et il se fait baptiser. Puis il veut aussi baptiser tous ses sujets, et, pour cela, il les fait jeter dans le Dnieper. On en repêcha un grand nombre; les autres furent entraînés par le fleuve et arrivèrent ainsi à la vie éternelle.

Son tombeau est à Chersonnèse.

Une petite chapelle, vers laquelle on descend par un escalier, a été édifiée en cet endroit en mémoire de cet événement. Près de la chapelle est une fontaine, où tous les pèlerins vont boire par dévotion, et dans laquelle ils jettent de nombreuses médailles.

Kiew est la Rome de l'Orthodoxie; on y vient de tous côtés en pèlerinage; les saintes Images sont les plus vénérées de la Russie, et il s'y fait des processions où l'on déploie une pompe inouïe, et auxquelles assiste le Métropolitain.

Nous commençons par visiter quelques églises : L'église de Wladimir n'est pas achevée; on y travaille depuis trente-cinq ans, et cela montre la patience et la persévérance de ce peuple lorsqu'il travaille à l'édification de quelque somptueuse cathédrale. L'église de St-Wladimir promet d'égaler celle du Sauveur à Moscou. Les peintures sont très belles et sont faites par une société roumaine : le plafond, divisé en sept compartiments, représente la Création du Monde. A l'extérieur plusieurs coupoles sont peintes en bleu et or.

La Porte d'or, construite par les Tartares, n'est plus qu'une ruine. Le monument d'Irène est du VIIIe siècle ; c'est une pyramide en briques qui n'offre pas grand intérêt.

La Cathédrale de Ste-Sophie est un monument du style byzantin le plus pur, qui étonne par ses immenses proportions. La tour centrale a trois étages ; elle est surchargée d'ornements : cornes d'abondance, anges, guirlandes ; le dôme est entièrement doré. L'iconostase est en argent ; il est du XIe siècle ; le chœur renferme de vieilles mosaïques qui sont des merveilles de l'art. Les absides sont dans le genre romain ; les escaliers qui conduisent aux galeries sont couverts de peintures bizarres ; on se demande comment l'imagination des peintres de cette époque a pu enfanter de pareilles énormités.

C'est dans cette église que sont inhumés les Métropolitains. Le dernier Métropolitain cède la place à celui qui lui succède, dans un riche tombeau recouvert d'or, qui est toujours l'objet de la plus grande vénération.

Sur la grande Place, devant l'église de Ste-Sophie, se trouve la statue équestre de Bogdan Chelminski, ataman des Cosaques en 1654.

Dans l'église de St-Michel on admire le tombeau de Ste Varvara, mise à mort par son père. Il est en argent massif, orné de pierres précieuses et recouvert d'un superbe baldaquin en argent. On y voit encore une merveille de travail et de goût : c'est le tableau de St-Michel. La peinture est d'une finesse exquise, les colonnettes sont en diamants, topazes, turquoises. Le cadre, pur style Louis XVI, a été donné à l'église par Alexandre I, et il a été fait à Paris.

L'église St-André est située sur une éminence qui domine le Dnieper ; on a de la terrasse une vue très étendue. L'intérieur est sévère. On y vénère la croix de Saint André sous un globe allongé, enchâssé dans une autre croix qui lui sert d'étui. St André a son tombeau près de l'iconostase ; un grand tableau le représente plantant sa croix sur le lieu où est bâtie l'église.

Kiew, mardi, 15 septembre.

La plus grande curiosité de Kiew, c'est sans contredit le monastère de Lavra ; nous partons de bonne heure pour le visiter dans tous ses détails.

Le monastère de Lavra est un vrai monde ; c'est la demeure du Métropolitain et le lieu de pèlerinage le plus fréquenté de toute la Russie. C'est un assemblage de chapelles et d'églises aux clochers vert et or, réunies les unes aux autres par divers bâtiments, et entremêlées de cours et de jardins. Il est habité par huit ou dix mille moines et religieuses. C'est le couvent le plus riche de toute la Russie ; il possède une étendue de terrains très considérable, des bois, des champs, et l'on dit qu'en cas de guerre les trésors qui y sont renfermés soutiendraient le pays pendant quatre années. Aussi est-il entouré d'une forteresse et de mines qui le protègent en cas d'attaque.

L'intérieur de l'église est d'une richesse inouïe. L'Iconostase est tout resplendissant d'or et de pierreries ; les saintes Images sont couvertes de diamants. N.-D. des Miracles en a à elle seule pour des sommes énormes ; une tête de Christ est couronnée de diamants et d'émeraudes d'une grosseur étonnante

Les pèlerins de la Russie, à mille kilomètres à la ronde, y affluent à tel point, que cours, jardins, couloirs, églises et chapelles en débordent. La circulation est très difficile, et c'est avec grand' peine que je puis m'approcher des Images saintes les plus vénérées.

Un de ces tableaux représente la Mort de la Vierge, et son âme est reçue par son fils sous la forme d'un petit enfant. C'est un sujet naïf et touchant qui date des premiers âges de l'Église.

C'est à la Lavra que j'ai eu vraiment sous les yeux le spectacle inoubliable du fanatisme religieux chez le peuple russe. La foule des pèlerins venus de tous les points de la Russie assiège les lieux de dévotion et les saintes Images ; ils se prosternent, ils baisent le sol ; quelques-uns pleurent de vraies larmes ; tous ont sur le visage une expression d'extase et de béatitude ; la joie brille dans leurs yeux illuminés. C'est frappant !...

Nous descendons dans les Catacombes, qui sont larges et spacieuses, taillées dans le roc, et qui renferment, dit-on, quatre-vingts corps de saints. Ils sont placés dans des cercueils ouverts, recouverts d'une étoffe précieuse brodée d'or ; personne n'a le droit d'y toucher sous peine de sacrilège. Ces tombeaux sont placés de distance en distance, dans des excavations profondes, comme les Loculis dans les Catacombes romaines ; quelques-uns, ceux qui renferment les plus grands saints, ont une chapelle particulière, où brulent nuit et jour mille lumières. Les pèlerins baisent toutes ces reliques, l'une après l'autre, et déposent leurs offrandes.

Tous ces tombeaux datent pour la plupart du XIe siècle. Les douze moines qui ont construit l'église ont une chapelle à part qui renferme leurs douze tombes. Parmi ceux qui ont vécu dans le monastère, il en est qui se sont élevés à une très grande sainteté, par la pratique des plus dures austérités. Quelques-uns se sont laissé mourir de faim ; l'un d'eux, nommé Jean, a vécu pendant sept ans enterré jusqu'au cou, à sa mort on l'a laissé dans cette position. Sa tête émerge du sol ; elle est recouverte de brocart d'or. Un autre repose entre quatre murs. De son vivant il ne communiquait avec le dehors que par une étroite ouverture par laquelle on lui faisait passer des aliments.

Nous voyons aussi deux puits où les pèlerins vont boire l'eau sainte ; puis ils boivent avec beaucoup de dévotion dans une croix appelée la croix de St-Marc, parce qu'un moine nommé Marc s'était imposé de ne boire dans un jour que l'eau que pouvait contenir cette croix. Nous voyons ensuite le crâne d'un ancien Métropolitain, appelé le Pape de Rome, parce qu'il était allé à Rome ; de ce crâne coule constamment de l'huile que l'on ramasse précieusement que l'on vend aux pèlerins. Il doit en couler beaucoup, à en juger par la quantité de fioles qui se débitent ; et un prêtre, gardien du précieux crâne, fait à tous les fidèles une croix sur le front avec cette huile sainte.

Tous les Pèlerins sont reçus pendant trois jours au Monastère ; les uns sont vêtus de tuniques de laine, les autres ont des robes serrées à la taille ; leur tête est couverte de coiffures diverses, mais c'est surtout le bonnet fourré pour les hommes, et le mouchoir noué sous le menton pour les femmes. Tous passent devant nous, fiers et sauvages et ne nous regardent même pas. Ils vont pieds nus, quelques-uns ont des bottes, un bâton à la main, et derrière leur dos un petit mouchoir noué contenant tout leur bagage.

Les Moines ont dans le Monastère un magasin d'icones et d'objets de piété, et il est impossible de ne pas s'y arrêter pour y faire de nombreuses emplettes. Nous sommes revenus chargés d'icones et déchargés de nos kopecks.

En sortant du Monastère, et surtout après avoir parcouru les couloirs sombres et étroits des Catacombes, nous avions tous besoin de respirer un peu d'air frais, et nous gravissons la colline sur laquelle se trouve le cimetière d'Askol. Morts pour morts, ceux-ci reposent dans le lieu le plus poétique que l'on puisse voir. Askol, le premier des Grands Ducs de Kiew, mourut en 882, et son tombeau, qui a donné son nom au cimetière, ressemble beaucoup à un marabout. Les tombes sont admirablement tenues ; elles sont couvertes de fleurs et de couronnes, et de belles allées sillonnent ce lieu si pittoresque d'où l'on a une vue délicieuse.

Kiew, mercredi, 16 septembre.

Nous venons de faire une charmante promenade sur le Dnieper.

Partis sur un joli petit bateau, frété par nous et orné de drapeaux russes et français, et après une agréable navigation sur le fleuve, nous admirons de jolies villas où des habitants de Kiew viennent passer la saison chaude.

Nous cotoyons les murailles de la Lavra qui nous font un peu juger de son étendue ; nous passons sous les deux ponts de fer, dont les douze arches ont une portée considérable et nous abordons au Monastère de Witobirski.

Il est situé dans un endroit très pittoresque ; de belles allées plantées d'arbres en font un lieu ravissant. Comme dans tous les couvents de Russie, les pèlerins y abondent ; nous assistons à l'office, et nous les voyons baiser la croix, la main et les vêtements du Pope ; puis ils déposent dévotement leur offrande.

Nous rembarquons, pendant quatre kilomètres, et nous arrivons à un autre Monastère, celui de Kitaïef, habité par une centaine de moines. Ce sont des Popes veufs, jeunes et vieux, qui se sont mariés une fois et qui ne peuvent se remarier. Ils sont vêtus d'une grande robe de bure noire, serrée à la taille par une corde, un grand bonnet carré, la barbe longue, et les cheveux tombant sur les épaules. Ils sont plus ou moins crasseux et paraissent d'ailleurs communs et très rustiques.

Au milieu de la cour une planchette et un maillet sont suspendus à un arbre, c'est avec cette cloche primitive que les moines sont appelés à la prière. Les pèlerins sont nourris pendant trente jours pour cinquante kopecks ; on les occupe aux travaux agricoles.

Nous visitons la boulangerie ; des pains, grands comme une meule, sont découpés par longues tranches, et chaque tranche en plusieurs morceaux. : c'est un pain de seigle noir qui est distribué aux pèlerins.

Dans un enfoncement derrière le monastère, un étang est ombragé par de beaux arbres, où une dizaine de moines y pêchent à la ligne. Pauvres gens ! C'est peut-être leur occupation la plus intéressante !

Le retour en bateau se fait gaiement. Malheureusement la journée s'est terminée par la pluie, et le temps s'est refroidi considérablement. Est-il possible d'avoir froid à Kiew après avoir eu si chaud à Bakou ?

Cracovie, samedi, 19 septembre.

Notre dernière journée à Kiew a été employée à aller au Marché voir les petites russiennes dans leur joli costume national. Elles sont gentilles et gracieuses avec leurs jupons courts, leurs bottes ; et, plus adroites que Perrette, elles portent leur pot de lait sur l'épaule sans le laisser choir.

Puis nous voyons encore le monastère Brauci, où l'on vénère une vierge qui a, dit-on, reçu un coup de sabre d'où il est sorti du sang. Et puis, nous faisons nos adieux à la Russie. . . . . . .

Nous partions de Kiew à sept heures du soir, et nous nous flattions d'arriver à Cracovie le lendemain à huit heures. Mais il faut compter sur la douane, sur la vérification des passeports à la frontière ; et en Russie c'est une formalité longue et importante.

Tout le monde sait que l'on ne peut entrer en Russie sans passeport, et qu'il faut encore le faire viser sur son parcours dans chaque ville que l'on traverse. Mais, pour en sortir, c'est encore pis. Avant d'arriver à la frontière, un employé parcourt le train, recueille les précieux documents, et aussitôt l'arrivée, un officier fait une perquisition dans les wagons, examine si le signalement répond à la personne, et consigne ses renseignements sur un registre. Quand il a achevé son travail, — et c'est long, — il remet les papiers et donne le signal du départ.

Il paraît même que le travail avait été plus long qu'à l'ordinaire ; notre présence était presque un événement à la frontière russe ; de sorte qu'à la frontière autrichienne le train express était parti, et il a fallu attendre un train omnibus pour continuer notre voyage.

Nous commençons à voir l'uniforme autrichien mêlé au costume national Polonais : tunique ouverte serrée à la taille par un large ceinturon de cuir fauve couvert de clous en cuivre, le gilet orné sur le revers de pompons de laine rouge, les bottes courtes, et le bonnet en poil de chèvre. L'officier autrichien porte un costume très simple en drap gris et le shako à torsade d'or.

Le paysage me semble plus gai, la terre est mieux cultivée que dans la Pologne russe, et la ville de Cracovie, quoique moins importante que Varsovie, me paraît plus animée et moins lugubre. Cela tient à ce que la Pologne russe gémit encore sous le joug, et ne peut se consoler de son esclavage, surtout sous la férule dure et sévère du Général Gourko ; tandis que Cracovie paraît prendre son parti de la domination des Habsbourgs, Varsovie m'a fait l'effet d'une ville abandonnée, portant le deuil de son ancienne gloire ; à Cracovie les rues sont animées, les affaires sont considérables, et les restaurants sont pleins de consommateurs.

Cracovie, capitale de la Gallicie, a 70.000 habitants, dont 20.000 Juifs. Vingt mille oiseaux de proie, rapaces et voleurs, guettent les étrangers à leur arrivée, se jettent sur eux, pour leur proposer le change d'abord, afin de convertir notre or en florins, et mettre leurs mains sur la monnaie française. La vue de l'or les fascine et les attire, et d'un coup d'œil ils ont évalué le contenu de nos poches et de nos porte-monnaie. Quelle race cupide et repoussante que ces juifs polonais !

Cracovie est située sur la Vistule comme Varsovie. Sur l'emplacement des anciens remparts on a fait une magnifique ceinture de promenades et de jardins, bordés de belles maisons et d'hôtels aristocratiques. La ville a conservé son antique cachet : les rues sont étroites, irrégulières et intéressantes à visiter.

Cracovie a aussi quelques monuments : la Porte St-Florian ; la Halle aux draps, du XIV° siècle, avec ses arcades cintrées et les écussons des villes de Pologne ; la Tour de l'Hôtel de ville ; la grande Place du marché, et l'église Ste-Marie.

L'Eglise Ste-Marie est du XIII° siècle ; le clocher est surmonté de la couronne de Pologne. L'intérieur de l'église est très original : les piliers élancés soutiennent des ogives, la voûte et les murs sont surchargés d'ornements bleu, rouge et or, qui leur donnent un aspect byzantin quoique l'église soit de style gothique. Un grand Christ est suspendu au milieu de la voûte. A l'entrée, les armoiries royales, l'aigle polonais réfugié dans le sanctuaire.

Les vitraux, peints à Cracovie, sont très beaux, les sculptures du chœur sont très remarquables ; mais, le véritable bijou de l'église, c'est le tryptique placé au-dessus de l'autel, œuvre de Witt Stwoz dans le XV° siècle. On dit aussi qu'il eut les yeux crevés pour prix de son talent ; il me semble que l'on abuse un peu de la légende.

Ce tryptique se compose d'un vaste panneau central, et de deux panneaux de côté qui se referment sur lui ; chaque panneau est divisé en trois compartiments. Le principal sujet est l'Assomption.

Dans le Trésor de la sacristie nous voyons : Un coffret à reliques de St-Cyrille. Un sucrier de Jean Sobieski. Des calices anciens incrustés de pierres précieuses. Un très gros morceau de la vraie Croix. Une statue de la Vierge, un Christ, et plusieurs reliquaires du XI° siècle. Puis des ornements des

XIIIᵉ et XIVᵉ siècles, brodés à la main, d'un prix inestimable.

Nous visitons ensuite l'église des Franciscains, celle des Domicains. Hier nous étions dans la Russie schismatique, et aujourd'hui nous sommes dans la vraie Pologne catholique ; malgré mes sympathies pour la Russie, je me sens plus à l'aise à Cracovie.

La Cathédrale se trouve annexée à l'ancien château de Wavel, des rois de Pologne. Ce château parait bien délaissé ; il est situé sur une éminence qui domine la Vistule, on y arrive par une rampe à créneaux en briques rouges ; il sert aujourd'hui de caserne.

L'intérieur de la Cathédrale est d'un aspect sévère. Au centre, sous un dais, on voit le tombeau, en argent massif, de St-Stanislas, patron de la Pologne. Puis on nous montre des reliquaires précieux : un calice en or de l'Archevêque Soltig, exilé en Sibérie ; une croix gothique, don de la comtesse Braniska ; l'os de la main de Sᵗ Stanislas ; la montre de l'évêque Champinski, incrustée de perles fines ; une cassette en ivoire du XVᵉ siècle ; le Pallium de la reine Hedwige ; une croix du roi Jagellon ; un reliquaire en or contenant la tête de Sᵗ Stanislas; la mître de l'évêque Lipski ; celle de Sᵗ Stanislas, et la crosse de l'évêque Malakowska, puis des chasubles données par Marie Leizinska ; la couronne et le sceptre de Casimir ; l'épée du dernier des Jagellons et beaucoup d'autres trésors que je ne nomme pas.

Dans la Chapelle de la Sainte-Croix, on voit les

tombeaux de Ladislas Jagellon et de Casimir, par Witt Stwoz ; le tombeau de Mad. Skalniscka, par Canova, et celui de Soltig ; un bas-relief montre l'Archevêque exilé en Sibérie, escorté par des Cosaques.

Dans la Chapelle de Sigismond III le tombeau en argent de St-Stanislas, tué en 1079 sur les marches de l'autel, par Boleslas le Téméraire.

Nous voyons encore la Chapelle et les tombeaux de Sigismond I, de Sigismond-Auguste, et d'Anne Jagellon, épouse d'Etienne Bathory ; les tombeaux de Casimir III, de Jean Albert, d'Etienne Bathory ; et celui de Jean III, Sobieski, vainqueur des Turcs, surmonté d'un grand Christ en deuil, et orné de drapeaux pris sur les Tucs.

De la terrasse du vieux château de Wavel on a une vue très étendue sur la Vistule, les Forts, le Mont de la reine Vanda, et le Mont Kosciusko.

C'est aujourd'hui samedi, et nous avons encore à visiter les importantes salines de Vielerka, qui ne sont visibles que deux fois par semaine, le mardi et le samedi. Nous partons vite en voiture ; et comme c'est aussi le jour du Sabbat, nous traversons le quartier juif, où les enfants Israël sont tous attifés de leurs plus beaux ornements. Quelques-uns ont remplacé la lévite et la toque de loutre par la casquette et la redingote ; mais la plupart ont encore l'ample robe en soie noire, et la toque de velours bordée de fourrure. Rien n'y manque : la barbe en éventail, les tire-bouchons sur les tempes, et le nez crochu.

La distance de Cracovie aux mines est de quatorze

kilomètres. Notre guide règle notre entrée pour une somme assez ronde, nous allons avoir le grand jeu. D'abord tout le monde s'affuble d'une grande blouse en toile grise et d'une toque en drap vert : sous cet accoutrement quelques membres de la société ont l'air assez cocasse. Puis, on nous fait descendre par groupe, au moyen d'un ascenseur qui nous emporte dans un trou noir à quatre-vingt-dix mètres de profondeur. Les ingénieurs guidaient eux-mêmes l'excursion, et un nombreux personnel portant des flambeaux éclairait la marche.

Nous entrons d'abord dans une chapelle, avec autel, Christ en croix, statues de saints et femmes en prières ; le tout sculpté dans le sel, et au fond une chaire à prêcher. On s'engage dans un couloir qui nous conduit dans une immense salle, où les voûtes et les murailles sont en sel ; la musique nous accueille par une joyeuse fanfare. Des lustres de sel brillent de plus de cent lumières, et dans le fond de la salle se détache sur un transparent lumineux une femme tenant une épée, avec cette devise : Dieu nous aide !

Encore deux statues de sel : Neptune et le Forgeron. Puis le tableau de Ste-Cunégonde, à laquelle on fait remonter les premières fouilles dans les mines. Nous franchissons un tunnel, et, par un escalier tournant, nous descendons à 140 mètres de profondeur. Nous sommes dans une salle immense, de quatre-vingt-dix mètres de hauteur, éclairée par des lustres, avec un escalier à parapet et des balcons. Les musiciens, qui nous ont précédés par un autre chemin, nous font entendre leurs meilleurs airs, un feu de bengale illumine le décor, et un nouveau transparent nous montre le mineur au travail.

Puis nous suivons d'autres galeries ; il y en a soixante kilomètres à parcourir ; assurément nous en négligeons bien quelques-unes, mais décidément nous avons le grand jeu. L'air est sec et frais ; on respire parfaitement quoique à une si grande profondeur.

Nous voici dans la salle des Pyramides; un peu plus loin, l'Obélisque, sur le piédestal est écrit : Francisco Imperatore. Puis nous avons devant nous un éboulement de blocs représentant le chaos, un feu de bengale achève de lui donner un aspect fantastique, tandis qu'un roulement de tambour éclate comme un coup de tonnerre, et que l'écho se répercute de profondeur en profondeur. Nous nous remettons de nos émotions, et nous passons dans une grande salle, éclairée de trois lustres superbes; l'orchestre, toujours invisible, a pris les devants ; et cette fois il nous joue des valses, des polkas, et nous nous mettons à danser sur le sel. Un buffet nous offre du thé, des sandwichs, du champagne, et tout le monde lui fait honneur.

Nous continuons notre promenade, et nous trouvons une double pyramide où sont inscrits deux noms: Rodolphe et Stéphanie. On pourrait y ajouter une colonne brisée sur laquelle on écrirait : Fragilité de la vie et du bonheur.

Puis, c'est une gare de chemin de fer qui nous conduit au bord d'un petit lac entouré de sapins ; une barque vient nous prendre et nous promène sur ce lac mystérieux. Des stalactites de sel sont suspendues à la voûte, les feux de bengale se réfléchissent sur ce miroir limpide et transparent, et lorsque nous débarquons je crois avoir fait un rêve.

Nous sommes maintenant dans une salle biscornue, immense, dont la voûte est soutenue par des échafaudages. Au fond, un trou noir qui semble l'entrée d'un tunnel ; un feu d'artifice éclate soudain : des bombes, des soleils, des pluies d'étincelles, des feux de bengale produisent un effet saisissant. Tout à coup quatre hommes, à cheval sur un truc, tenant une torche à la main, sont enlevés dans l'air. Ils montent lentement, au milieu du crépitement des pétards, pendant que l'orchestre les accompagne en sourdine, et ils disparaissent à nos regards.

Pour nous, nous remontons aussi à la lumière, encore tout éblouis de cette splendide féerie, et tout heureux de nous retrouver sur la terre et au grand jour.

Cracovie, dimanche, 20 septembre.

Nous avons visité ce matin une exposition de tableaux, et j'ai remarqué surtout une toile de Kossak, dont l'exécution est très remarquable, et dont on n'aurait pas permis l'exposition à Varsovie. C'est un épisode de l'insurrection devant l'église Ste Croix, 8 avril 1861 : Les Cosaques fondent sur la foule, tous fuient ; un enfant tombe, le chef se rue en avant et donne ses ordres de mort. Il y a dans ce tableau un mouvement prodigieux. On croit voir arriver cette avalanche de chevaux qui se précipitent en avant, et, malgré soi, on recule épouvanté.

L'Hôtel du Prince Czatoriski contient l'un des plus beaux Musées de Varsovie. Le Prince, qui a épousé l'une des filles du Duc de Nemours, est venu nous saluer, et nous fait accompagner par son secrétaire. Il possède une superbe collection d'objets d'art, et une magnifique galerie de tableaux.

Nous voyons ensuite l'Université qui contient une belle bibliothèque et dont la cour est très remarquable. Puis nous montons au Mont Kosciusko situé sur la rive gauche de la Vistule. C'est une butte de terre très élevée, apportée à la brouette, érigée à la mémoire du grand patriote Polonais. Une grosse pierre sur laquelle est gravé le nom de Kosciusko domine le cône.

De cette éminence on a une vue très étendue sur Cracovie et ses environs. La ville produit un bel effet avec ses églises, ses clochers, le château qui la domine, et la Vistule qui l'entoure. Au loin les Monts Karpathes, dont le profil se distingue à l'œil nu, et plus près, des villas, des arbres, de la verdure, l'église des Camaldules et le château de Lobezow.

Demain nous partons pour Vienne.

Vienne, jeudi, 24 septembre.

On m'avait dit avant mon départ que Vienne était la Capitale qui ressemblait le plus à Paris. Eh bien, je connais la plupart des Capitales d'Europe, et je dois dire qu'il n'y en a pas une qui approche de la nôtre. Il n'y a qu'un Paris.

Et maintenant, je constate que Vienne est encore une très belle ville, avec le Ring, le Graben, le Prater, la Holburg, ses églises et ses monuments.

D'abord les constructions de la ville de Vienne sont bien plus élégantes que celles de Berlin. Moins de stuc, moins de fioritures ; mais de la pierre de taille polie ou sculptée, qui donne un tout autre aspect à la Capitale de l'Autriche. Vienne paraît plutôt sévère : le Ring, magnifique boulevard qui fait son orgueil et sa gloire, est rempli de palais et de maisons princières ; nous passons devant les monuments de Joseph II, de François II, le père de Marie-Louise, du Prince Eugène de Savoie, de l'Archiduc Charles, et nous nous arrêtons devant le monument élevé à la mémoire de Marie-Thérèse.

Maria Teresa, comme l'on dit à Vienne, est entourée de ses ministres : Kraunitz, Van Swieten, Lichtensein, et des maréchaux Daun, Traun et Landon. Il semble qu'elle résume à elle seule toute l'histoire et toutes les gloires de l'Autriche ; les Viennois n'en parlent qu'avec respect et orgueil, et notre guide se gonfle et se découvre devant Maria Teresa.

Le Palais de justice et le Parlement sont consstruits dans le style grec ; l'Hôtel de Ville est un superbe édifice. Il y a encore l'Opéra, l'Université, quelques beaux Hôtels qui avoisinent le Ring.

Le Prater, rendez-vous du monde élégant et des attelages aristocratiques, est loin de valoir notre Bois de Boulogne ; et puis, il est trop encombré de guinguettes, de restaurants et de cafés-concerts où les viennoises tiennent l'orchestre. Les hommes s'y réunissent pour boire une quantité de chopes de bière, et leurs filles faire admirer leur beauté plantureuse, leur teint clair et leurs beaux cheveux blonds.

A onze heures du soir, chacun rentre chez soi, et tout le monde dort. Les squares et les jardins publics sont parfaitement tenus. On dit que la propreté exquise et l'excellent entretien de la voirie sont de tradition à Vienne. On dit aussi que nulle part les règles de l'étiquette ne sont aussi bien observées, et pour être reçu à la Cour il faut justifier de quatorze quartiers de noblesse.

La Cathédrale St-Étienne est un superbe monument gothique. J'y ai admiré le tombeau du Prince de Savoie, celui de la princesse Lichtenstein ; les bancs d'œuvres sculptés représentant la Passion ; la Tribune Impériale ; le mausolée de Frédéric III et un superbe Christ en bois sculpté du XIII° siècle.

Le couvent des Capucins renferme les tombeaux de la famille impériale. Et l'on est rempli de sentiments divers en voyant l'un près de l'autre : Marie-Louise, le Duc de Reichstadt, Maximilien, l'Archiduc Rodolphe !

Marie-Louise ! cette fière et sèche Autrichienne,

qui remplaça auprès de Napoléon la bonne Joséphine, et qui lui donna le Roi de Rome.

Le duc de Reichstadt ! cet enfant si attendu et si ardemment désiré, accueilli au seuil de la vie avec tant de pompe, et qui devait hériter de tant de gloire, qu'en est-il advenu ? Quel avenir mystérieux lui était-il réservé ? Aujourd'hui il repose sur la terre d'Autriche, et il a perdu jusqu'à son nom.

Maximilien ! qui paya si cher la gloire d'être Empereur du Mexique, et dont l'épouse infortunée, nouvelle Ophélie, erre tristement dans les allées du parc de Lacken.

Et Rodolphe ! dont la mort tragique restera toujours un mystère.

Pauvre Empereur ! Pauvre Impératrice ! Quelle a dû être leur douleur et leur désespoir, en déposant ici la froide dépouille de leur fils !

On dit que François-Joseph est le plus grand seigneur et le premier gentilhomme de son siècle. Elisabeth a été la plus belle des reines ; sa photographie se voit partout. Elle est adorée de ses sujets, surtout en Hongrie ; elle parle le Hongrois comme une Hongroise.

L'Eglise de St-Augustin, ou du Couronnement, renferme deux chefs-d'œuvre : le tombeau de Marie Christine par Canova, et celui de Joseph II. L'Empereur repose étendu et une femme tenant une croix le contemple tristement.

La tombe de Marie-Christine s'ouvre sur une pyramide : sur le seuil, une femme accompagnée de deux enfants porte une urne dans ses mains ; derrière, une jeune fille, un jeune homme et un vieillard éplorés ; à côté, l'image de la Douleur affaissée sur un lion ; au faîte, la Renommée sonnant de la trompette. Les mêmes motifs ont été reproduits à Florence sur la tombe de Canova.

On ne peut visiter le Château de la Holburg, mais le trésor Impérial est ouvert au public, et l'on sait qu'il contient une des plus belles collections de pierreries qui soient au monde. Emeraudes, rubis, diamants, saphirs, et surtout le fameux Florentin, enchâssé dans le diadème impérial.

Dans les salles suivantes, on voit le Rosier d'or, envoyé par le Pape à l'Impératrice ; des épées ornées de pierreries ; des plats enrichis de pierres précieuses ; des vases, des aiguières ; le berceau du roi de Rome ; des couronnes, des sceptres, des glaives ; des manteaux de cour et des joyaux du Saint Empire, provenant d'Aix-la-Chapelle ; les bas, les gants et la dalmatique de Charlemagne.

Mais nous avons vu tant de ces choses-là que notre curiosité commence à se lasser.

Les voitures de la Cour sont belles ; mais nous en avons tant vu en Russie ! Il y a cependant le carrosse de l'Empereur Charles VI, avec panneaux peints par Rubens ; la voiture de Marie-Thérèse ; celle de Napoléon 1er, celle du duc de Reichstadt, qui attirent plus particulièrement notre attention.

Le Manège de l'Impératrice est bien installé. On voit que c'est une écuyère distinguée, une vraie sportsman.

Les écuries renfermant les fameux genets d'Espagne, les chevaux dits de Charles Quint, dont la race est unique au monde. Ce sont douze chevaux absolument blancs, et douze complètement noirs, qui sont conservés dans les haras impériaux.

La visite des environs de Vienne aurait demandé plusieurs jours ; mais nous commençons à être fatigués d'un si long voyage, et nous nous bornons au Château de Schœnbrun et à l'ascension du Kahlemberg.

Le château de Schœnbrun est simple, les appartements sont modestes, quoiqu'il soit le St-Cloud de la Cour d'Autriche. Une chose me frappe : c'est que le château est au bas de la colline, et que le parc s'étend par derrière en hauteur, et semble l'écraser. En avant, une belle grille monumentale, et deux aigles qui en gardent l'entrée.

Nous trouvons d'abord deux vastes salons, avec les portraits de Marie-Thérèse, et de Marie-Antoinette, enfant ; le salon bleu, avec le portrait du duc de Lorraine ; et la chambre habitée par Napoléon en 1805 et en 1809, laquelle fut occupée plus tard par le duc de Reichstadt qui y mourut en 1832.

Nous voyons ensuite les anciens appartements de Marie-Thérèse et de ses enfants ; une chambre en bois de rose, avec peintures et mosaïques orientales; un boudoir où sont réunis les dessins des enfants impériaux ; les appartements du père et de la mère de l'Empereur, avec le portrait de François-Joseph.

Pour monter au Kahlemberg, nous prenons d'abord le bateau à vapeur, avec lequel nous naviguons quelques instants sur le beau Danube bleu, — expression peut-être poétique, mais combien exagérée ! Ce fleuve, en effet, a perdu sa couleur d'azur, et il est aujourd'hui passablement jaune. Puis où prend le funiculaire qui serpente au milieu des champs, des forêts, des vignobles, et qui nous conduit jusqu'à la plate-forme du Kahlemberg.

Toute la vallée du Danube se déroule à nos regards, et j'aperçois dans le lointain le champ de bataille de Wagram.

Wagram ! C'est l'apogée de la gloire de Napoléon ! C'est l'apothéose de l'Empire ! Et de tant de grandeur et de tant de gloire que nous reste-t-il ? Un peu de fumée.

DALMATIE, MONTÉNÉGRO, BOSNIE, HERZÉGOVINE ET TYROL.

Je relie ensemble ces deux voyages, quoiqu'ils aient été faits à des époques différentes, mais je leur laisse leurs dates réelles.

Trieste, dimanche, 24 avril 1898.

Je ne sais pourquoi, mais j'avais toujours eu le désir de voir Trieste, cette ville italienne dans l'Empire Autrichien, où l'on parle l'italien comme à Florence et à Rome, et que, pour cette raison et pour bien d'autres encore, l'Italie guette depuis longtemps pour se l'annexer comme Milan et Venise. Mais, halte-là, mes petits amis, la France n'est plus là pour vous donner ce joli morceau ; et les Français ne seront pas toujours les Ratons de la fable. Attendez donc pour le prendre vous-même, à moins que vous ne soyez encore brossés par un autre Ménélick qui vous remettra à votre place.

De Vienne à Trieste le paysage est ravissant. L'Autriche possède à elle seule trois superbes routes de montagnes : le Brenner, l'Arlbert et le Semmering ; c'est par le Semmering que l'on arrive à Trieste. C'est un paysage à la fois sévère et gracieux, sauvage et rempli de contrastes, qui nous découvre tantôt des flancs déchirés, tantôt de ravissants coteaux aux cultures variées, des prairies verdoyantes émaillées de fleurs; puis des montagnes agrestes, de profonds ravins, des torrents impétueux qui grondent sourdement et s'échappent en cascades, de rocher en rocher, jusqu'au fond de la vallée.

De loin en loin, à l'entrée d'une gorge, on aperçoit une ferme ; le pâtre surveille son troupeau de chèvres, et il s'appuie mélancoliquement sur son bâton, tandis qu'il regarde passer notre machine qui fuit à toute vitesse en laissant après elle un long panache de fumée.

Il faut dire que les Autrichiens, qui connaissent toute la beauté de leurs sites, ont admirablement disposé leurs wagons sur le Semmering. A la suite de chaque train une immense voiture entourée de glaces et ornée de fauteuils élégants, permet aux touristes de changer de place; de plus, une plate-forme sur l'arrière donne toute facilité de ne rien perdre du beau panorama qui se déroule sous leurs yeux. Aussi je n'en perds pas un atôme, et je suis émerveillée à la vue de ces tableaux ravissants qui changent sans cesse, et se renouvellent à chaque instant.

Trieste, ville de 120.000 habitants, est le port le plus important de l'Autriche ; c'est le siège de la Compagnie maritime du Lloyd Autrichien, l'une des plus grandes compagnies de l'Europe. Elle est située au fond du golfe de l'Adriatique, au pied de charmantes collines, dans une position délicieuse ; ses rues sont larges et bien dallées, les maisons sont hautes et bien construites, les magasins sont très beaux. La rue du Corso qui part de la Bourse sépare la ville neuve du vieux Trieste bâti sur les pentes de la colline où s'élève le Castello. Il règne à Trieste une très grande activité ; c'est une ville commerçante dont la prospérité augmente chaque jour, grâce au transit qui se fait avec tout le Levant par la Cie du Lloyd.

J'ai eu la joie de retrouver à Trieste mon aimable compagne du voyage de l'Inde, Mme D., parfaitement rétablie de l'affection qui m'avait si vivement impressionnée à mon retour, et n'ayant pas conservé le moindre souvenir de tout les soucis qu'elle nous a donnés. Elle a retrouvé tout son entrain, toute sa gaîté, son ardent amour des voyages et des aventures, et c'est avec plaisir que nous allons parcourir ensemble de nouvelles contrées et des pays encore inconnus pour le plus grand nombre.

Nous débutons à Trieste par une pluie battante qui déjà allonge nos visages ; mais voici que le soleil se montre, et nous allons visiter la Cathédrale San Giusto bâtie sur une colline, et formée de deux églises jointes ensemble, l'une construite au IVe siècle et dédiée à la Vierge, l'autre au VIe siècle pour recevoir le corps de San Giusto. Ces deux églises furent réunies au XIVe siècle.

L'intérieur est à cinq nefs avec des colonnes de style roman, de vieilles mosaïques ornent l'abside du chœur. Cette église renferme le tombeau de Don Carlos, comte de Montémolin, décédé en 1855, et ceux des Princesses Adélaïde et Victoire, filles de Louis XV.

Une belle église orthodoxe est dédiée à San Spiridione ; elle a un iconostase en argent et des peintures bysantines.

Nous traversons la ville pour aller visiter les immenses ateliers du Lloyd. L'avenue borde la mer, et nous passons à travers un charmant jardin, appelé Il boschetto, d'où l'on a une vue splendide, et où les Triestains se réunissent le soir pour entendre la musique.

Puis, nous changeons de face et nous suivons, de l'autre côté du golfe une route très pittoresque au bord de la mer, pour nous rendre au château de Miramar.

Le château de Miramar, construit par l'Empereur Maximilien, est situé sur un promontoire qui domine la mer ; il est entouré de superbes jardins remplis de plantes tropicales. Le Palais est simple, mais bien aménagé et plein de souvenirs de famille. La chambre à coucher de Maximilien est fort simple ; son cabinet de travail a été copié sur celui qu'il occupait quand il était commandant de la marine Autrichienne.

En parcourant les allées de ces beaux jardins, ma pensée se reportait sur cette belle et jeune Charlotte, riche de grâce et de beauté, qui se promenait amoureusement avec le brillant Maximilien sous les bosquets de Miramar. C'est d'ici qu'ils partirent tous les deux pour le Mexique, lorsque Maximilien fut appelé par les Cortès pour prendre possession de ce trône qui devait aboutir bientôt au drame sanglant de Quérétaro. Et c'est à Miramar que l'infortunée Charlotte revint seule, sombre, égarée, en proie au délire et à la terreur, et qu'elle errait tristement dans ces allées silencieuses, en répétant un nom que lui renvoyaient les échos d'alentour.

Pauvre Charlotte ! Impératrice d'un jour ! et qui traîne encore dans les bois de Laeken sa folie douce et paisible et son sombre désespoir.

Pola, lundi, 25 avril.

En sortant de Trieste la voie ferrée longe la mer ; je revois en passant le charmant palais de Miramar et j'admire une dernière fois la belle position de Trieste au fond du golfe. Puis la voie s'élève, on pénètre dans les montagnes de l'Istrie que l'on traverse dans toute sa longueur, ce qui permet d'apercevoir cette contrée curieuse par ses types et ses habitants.

Nous nous arrêtons à Divacca pour visiter la grotte du Prince Rodolphe, découverte en 1884. Elle se trouve à quatre kilomètres de la station, et nous descendons de voiture pour pénétrer d'abord dans une gorge aride où s'ouvre l'entrée de la grotte.

Elle est haute, spacieuse et remplie de stalactites comme celle de Dargilon ou d'Adelsberg. Cette grotte serait fort belle si on la rendait plus accessible, et si elle était éclairée à la lumière électrique comme celle d'Adelsberg ; elle a aussi des salles splendides, des galeries très curieuses et très intéressantes ; malheureusement nous nous promenons dans ces galeries guidées seulement par la lueur d'une bougie ; nous trébuchons à chaque pas, et malgré quelques éclairs de magnésium, nous perdons beaucoup des beautés de la grotte. Il faut espérer que dans quelque temps la visite en sera plus facile et plus agréable.

En quittant la station de Divacca le chemin de fer suit une riante vallée, nous traversons le tunnel de Borretto, d'une longueur de 340 mètres, et j'admire en passant la jolie situation de la petite ville de Pisino, bâtie en terrasse au-dessus d'un gouffre profond. Un vieux château fort s'élève au-dessus de l'abîme et produit un effet saisissant.

En arrivant à Pola nous avons une petite déception. Je m'étais détachée de la bande avec Mme M..., nous devions descendre à l'Hôtel della Cità ; mais, en quittant le train, nous trouvons un enfant qui moitié italien moitié français, nous dit que l'Hôtel della Cità est au complet et que l'on a retenu des chambres dans un autre Hôtel. Que faire ? Enfin, après quelques hésitatations, nous nous laissons conduire à l'Hôtel Europa, puis à la « Restauration » où nous sommes obligées de nous contenter d'un potage et d'une mauvaise omelette. Cette fois-ci nous commençons véritablement un voyage à l'aventure, et nous devons bien nous attendre à quelques misères.

Vogue la galère !

Pola, mardi 26 avril.

Pola est encore une ville italienne de 30.000 habitants. C'est le port et l'arsenal de l'Autriche-Hongrie. Elle se compose de deux villes entièrement distinctes ; l'une, la ville ancienne a conservé tout son cachet d'antiquité. Les rues sont étroites et bordées de maisons du XVe et du XVIe siècle qui ont conservé leurs balcons élégants et leurs sculptures : quelques portes sont ornées de panneaux qui représentent des câbles comme on en voit à Venise. La vieille Place, qui se trouve à l'ancien Forum, sert de marché et de promenade ; c'est un lieu de réunion toujours très animé.

Au fond de la Place est le Palais Municipal, vieil édifice vénitien restauré; l'un des côtés était occupé par un temple de Diane. Dans la rue voisine on voit le Temple d'Auguste, charmant édifice aux proportions admirables. On arrive au portique par une dizaine de marches; quatre colonnes élégantes sont couronnées par des chapiteaux corinthiens aux légères feuilles d'acanthe; les frises, les architraves sont intactes et sont de la plus belle époque. Ce palais sert aujourd'hui de Musée. La Porte Gencina, la Porte d'Hercule, la Porte Aurata sont bien conservées, et feront longtemps encore la gloire de Pola.

Pola, colonie romaine, avait été reconstruite par Auguste; aujourd'hui, quoique sujette de l'Autriche, tout est encore italien : la langue, le climat, les mœurs, les costumes et les habitudes. Chassés de la Vénétie, les Autrichiens se sont solidement établis sur ses rives d'où ils surveillent l'Adriatique, et Pola a pris ces dernières années un développement considérable.

Elle possède un trésor merveilleux devant lequel toutes les générations qui se succèdent s'arrêtent avec admiration et avec effroi : Ce sont ces splendides arènes qui pouvaient contenir quinze mille spectateurs. Quatre portes flanquées de pignons donnaient entrée à l'amphithéâtre, qui dresse majestueusement ses trois étages d'arcades hardies et gracieuses, qui semblent autant de portes ouvertes sur le ciel bleu. Là, comme au Colisée, les applaudissements pressaient, encourageaient le carnage ; dans ces fêtes horribles deux à trois mille esclaves s'égorgeaient pour distraire les Maîtres du monde, et le peuple criait : du sang, du sang, encore plus de sang.... Aujourd'hui le soleil couchant répand une teinte de corail rose sur l'immense ruine, l'effet et saisissant et l'impression ineffaçable.

La nouvelle ville a aussi ses belles rues, ses belles promenades, ses jardins publics, parmi lesquels le Monte-Ziro, où l'on voit la statue de l'amiral Thegetoff. L'arsenal militaire est l'un des plus considérables de l'Europe.

Fiume, jeudi, 28 avril.

On peut aller de Pola à Fiume en bateau. On longe toute la côte de l'Istrie, puis on entre dans le golfe de Quarnero et le golfe de Fiume, entouré de montagnes comme le golfe de Naples. A gauche c'est le Monte Maggiore, et à ses pieds les jolies petites villes de Lovrana, Valesio et Abbazia.

Le bateau ne marchant pas hier, mercredi, c'est en chemin de fer que nous partons de Pola, le trajet est plus court et non moins intéressant. On traverse le Carso, mer de pierres roulant ses blocs en désordre, et plus désolée que la mer maudite ; sans un être vivant, sans une plante, sans un oiseau dans l'air. On dirait un sol calciné, ou encore une région primitive et sauvage, un véritable chaos de l'époque préadamique.

Cependant, à mesure qu'on se rapproche de la mer la nature devient moins inculte, les pierres se recouvrent de mousse, et quelques arbustes rabougris paraissent et grandissent par degrés. A la station de Castua la transformation est déjà complète, c'est un nouveau monde, et l'on arrive à Abbazia au milieu d'un parterre de fleurs.

Abbazia est le bijou de l'Autriche comme Yalta est le joyau de la Russie ; c'est tout à la fois la station d'hiver pour les malades, et la station d'été pendant la saison chaude. C'est vraiment un nid caché dans les fleurs. L'Hôtel Stéphanie où nous descendons est une demeure princière au milieu de ce paradis terrestre ; la température est si douce que les buissons de camélias et les bois de lauriers roses fleurissent en plein hiver, la végétation est si opulente que la vie déborde. C'est une collection de fleurs rares, de plantes diverses qui s'étalent de tous côtés au milieu de cette nature exubérante. Des palmiers, des yaccas, des grenadiers couverts de fleurs pourpre que l'on prendrait pour du sang ; des aloës, des mimosas, des buissons de rhododendrons ; et partout des roses qui attirent par leur parfum et nous retiennent par leur éclat. Des lianes se balancent d'arbre en arbre, des oiseaux au brillant plumage font entendre leurs chants mélodieux ; on se croirait dans l'Éden, où tout est joie pour le cœur, fête pour les yeux, pour l'esprit, et l'on s'enivre de ces mille parfums.

On peut faire, d'Abbazia, de charmantes excursions en suivant le bord de la mer ; nous allons ainsi jusqu'à Lovrana par un petit sentier tracé le long du rivage, où des bancs, placés de distance en distance, nous invitent à nous asseoir pour admirer les points de vue les plus enchanteurs. Nous nous arrêtons quelques instants sur une terrasse au pied de laquelle venaient battre les flots, et nos regards émerveillés embrassaient un des plus beaux spectacles qui se puisse voir. Lovrana, c'est la ville des lauriers, et les lauriers y poussent grands comme des arbres. Le château a été construit par les Romains qui avaient déjà apprécié ce site admirable et en avaient fait un délicieux séjour. On se croirait en Grèce : la pureté du ciel, la transparence de l'air augmentent encore l'illusion.

Un bateau part toutes les heures d'Abbazia pour Fiume et met à peine une heure pour faire la traversée. Les îles, le golfe, les montagnes couvertes de verdure, les gracieux villages semés çà et là dans ce fouillis, forment un vaste cirque se développant devant nous dans un panorama splendide. Au fond de la baie la ville de Fiume se présente en amphithéâtre, avec ses collines et son vieux manoir des Frangipani suspendu sur le rocher comme un nid d'aigles. C'est un décor éblouissant.

Ce fut Marie-Thérèse qui fit cadeau de Fiume aux Hongrois, et, bien qu'incorporée à la Hongrie, elle a conservé une certaine autonomie et ses prérogatives de port franc. Si Trieste est le port de l'Autriche, Fiume est le port de la Hongrie ; les Hongrois sont fiers de leur port, ils ont fait des dépenses considérables pour en faire une rade sûre, et créer des voies ferrées qui la relient aux villes intérieures. Ancienne colonie romaine du nom de Tersàtiia, elle fut d'abord une petite république, comme Gênes, comme Raguse, et se rattacha définitivement à la Monarchie autrichienne en 1866.

La ville de Fiume, située au fond du Golfe de Quarnéro, est adossée aux plateaux du Karst qui s'élèvent presque à pic. Elle a aujourd'hui 30.000 habitants. Au milieu d'une étroite échancrure serpente la Reka, ou Fiumera, qui a donné son nom à la ville. Il m'a semblé revoir quelque chose de Constantine et des gorges du Rummel.

Le vieux port naturel, formé par l'ancien lit de la Reka, n'est accessible que pour les petits bateaux ; un nouveau port a été creusé qui a nécessité un immense travail hydraulique ; il est bordé de quais, de magasins, d'entrepôts, et il peut recevoir les plus grands navires.

Tout le long du quai s'étend la nouvelle ville, belle, régulière, avec des rues larges et de belles constructions. La rue principale est le Corso, qui la traverse dans toute sa longueur, et nous conduit à la Porte de l'Horloge qui donne entrée à la vieille ville.

Ici nous sommes au XVIe siècle, car rien n'a changé ; les petites ruelles étroites, sombres, tortueuses, commencent à rappeler l'Orient, avec leurs boutiques ouvertes, leurs bazars, et leur couleur orientale. Là grouille toute une population de vieilles femmes maigres et crasseuses, ridées comme de vieilles pommes, jaunes comme du parchemin, traînant avec elles un reste de savates et des guenilles en lambeaux ; des enfants demi-nus, aussi sales que leurs mères, barbottent sur le seuil de noirs taudis. Jamais le soleil ne pénètre dans ces ruelles sordides et dégoûtantes.

C'est à l'entrée de ces vieux quartiers que se trouve l'art romano encastré dans une maison voisine, et les deux églises de l'Assomption et de Saint Vit. L'Eglise de l'Assomption, de style italien, n'a rien de remarquable ; c'est une vieille construction en forme de rotonde bâtie sur le plan de la Saluté à Venise.

On voit dans l'église de Saint Vit un grand crucifix en bois qui est en grande vénération chez les fiumans. La légende raconte qu'un jour des matelots s'assirent à ses pieds et jouèrent aux dés. L'un des joueurs, se tournant tout à coup vers le Christ lui dit, en brandissant un galet : si tu ne me fais pas gagner je t'assomme ! Il perdit, se leva et lança sa pierre contre le Christ. Mais, ô miracle, la pierre s'enfonça comme dans la chair et le sang coula. Le matelot effrayé prit la fuite et alla se jeter dans la mer.

Le Mont Tersato a aussi sa légende et son histoire ; c'est ici que se reposa la Maison de Nazareth avant d'aller se fixer à Lorette ; une église annexée au couvent des franciscains rappelle le prodige, et elle est encore le but de nombreux pèlerinages. Comme partout, nous sommes accueillis par des mendiants qui demandent l'aumône, et des vendeurs de chapelets, de médailles, et de saintes images. La chapelle est décorée de grossières peintures qui rappellent l'histoire des Frangipani et qui ex-

-pliquent sa fondation. Derrière l'autel on conserve une réduction de la maison de Lorette à la place où elle a reposé sur le Mont Tersato.

En sortant de l'église nous allons visiter l'ancien château des Frangipani qui appartient maintenant au Comte de Nugent. Ce vieux castel qui date du XVIIe siècle n'est plus qu'une ruine, mais une ruine couverte de fleurs, drapée de feuillage ; les glycines et les chèvre-feuilles tapissent les vieilles murailles, retombent en cascades, et leur donnent une apparence de la vie. Ce nid d'aigle qui couronne la montagne fut acheté par le Comte de Nugent en 1815. Sur la terrasse supérieure, devant le Campo Santo, se dresse la colonne de marbre que les soldats français avaient érigée sur le champ de bataille de Marengo ; cet obélisque fut donné au feld-maréchal de Nugent qui le fit transporter ici. Dans le caveau on voit les tombeaux du Comte et de la Comtesse avec leurs bustes en marbre. Le pavillon du gardien sert de musée ; on y admire surtout toute la lignée des Frangipani, nobles et fières figures où l'on retrouve toute l'énergie de leur race.

Du haut de la tour on a une vue splendide sur la Réka, qui se précipite en bouillonnant au milieu des rochers pour se frayer un passage ; le vieux castel à pic semble suspendu sur un abîme. C'est un spectacle grandiose qui donne le vertige.

Je redescends à pied l'immense escalier qui du port de Fiume s'élève jusqu'au manoir des Frangipani. Il compte quatre cents marches taillées dans le roc. La musique jouait sur la Place, toute la ville était dehors pour respirer la brise de mer ; c'était délicieux.

La nouvelle ville de Fiume a aussi son Casino, un superbe théâtre, un jardin public rempli de surprises, de labyrinthes, d'allées qui se croisent et s'entrecroisent, de bosquets charmants. Puis de belles places, et des boulevards qui portent des noms chers aux Hongrois : Zychy, Andrassy, Deak, Jellarick.

Franz Deak, mort en 1876, était le Sage de la Hongrie. Juriconsulte distingué, il accepta en 1848 le portefeuille de la justice sans se mêler aux luttes de parti, et refusa obstinément le pouvoir. Il vécut avec la plus grande simplicité, logeant dans une petite chambre garnie, et plusieurs fois on a vu l'Empereur François-Joseph monter jusque chez Deak, s'asseoir à ses côtés sur une chaise de paille, et passer de longues heures à s'entretenir avec le sage.

Le Palais du Gouverneur, nouvellement construit sur une hauteur, domine la ville A côté, la villa de l'Archiduc Joseph, père de la Duchesse d'Orléans, qui partage son temps et ses amours entre son Palais de Fiume et l'Ile Marguerite où il est roi. On sait que le Grand duc Joseph à trasformé l'île abandonnée, en parc et en merveilleux jardin ; il a ouvert ce parc au public comme un petit paradis terrestre. Il est immensément riche et il est adoré des Hongrois ; on dit même qu'il serait roi de Hongrie s'il voulait.

Fiume posssède de nombreuses écoles italiennes, allemandes et hongroises ; nulle part ailleurs on ne voit autant de nationalités diverses et d'éléments aussi disparates : Croates, Allemands et Hongrois vivent à côté les uns des autres sans fusionner entre eux, et chacun a son club ou lieu de réunion.

Tout près de Fiume, l'ile de Veglia compte quinze petites villes et une cinquantaine de hameaux, elle a 25.000 habitants. Ellle fut donnée en fief aux frères Juana Schinella qui prirent le nom de Comtes de Frangipani ; lorsque le roi Bela fut vaincu par les Turcs il se réfugia dans l'ile de Veglia, et il donna aux Frangipani la ville de Segna et la ville de Fiume. C'est alors que cette famille devint la plus puissante de la contrée. On connaît sa fin tragique : son dernier descendant ayant conspiré contre l'Empereur d'Autriche, mourut sur l'échafaud, à Neustadt, en 1671.

Avant de quitter Fiume, je fais encore une charmante promenade en voiture sur la route qui conduit à Calstadt et à Agram, et qui s'élève sur les pentes du Carso. Je passe au pied de l'escalier, dont les quatre cents marches me conduisent jusqu'au sommet du Mont Tersato ; la route, taillé dans le roc, surplombe la gorge de la Reima, au fond de laquelle mugit et bouillonne le fleuve qui jaillit des flancs de la montagne. Je traverse le Fiumara sur un pont de bois; le torrent mugissait et grondait sous mes pas, se débattant au milieu de blocs énormes ; je suivis avec mon guide un sentier ombragé, et nous arrivâmes dans un frais vallon caché au milieu de cette gorge sauvage. Des moulins considérables, sont mus par les eaux de la Réka, et absorbent tous les blés de la Hongrie et de la Crimée, ils approvisionnent de farine toutre l'armée autrichienne et l'armée anglaise.

Un peu plus loin se trouvent également les grandes fabriques de papier de MM. Smith et Meynier qui fournissent tout le Levant.

Zara, samedi, 30 avril.

Un très bon bateau de la Cie Austro-Hongroise nous conduit de Fiume à Zara en cinq heures en longeant les côtes de la Dalmatie. La mer est splendide, mais les côtes sont arides et présentent peu d'intérêt.

Zara, colonie romaine comme Pola, et capitale de la Dalmatie, est une ville de 8.000 habitants. C'est la résidence d'un archevêque catholique, d'un évêque grec et des hauts fonctionnaires civils et militaires. Elle a appartenu longtemps aux Vénitiens qui la gardèrent jusqu'à la chute de la République, et elle a conservé un cachet vénitien avec sa couleur orientale.

Nous débarquons sur le port. La ville est entourée d'une ceinture de murailles, et comme les voitures ne peuvent y pénétrer, c'est à pied que nous entrons à Zara par la Porte St-Chrysogone, d'un seul arc, à pilastres corinthiens qui soutiennent un entablement. Une autre Porte, la Porte Marina s'ouvre sur la Calle Marina, l'une des grandes rues de Zara.

Quelle jolie petite ville ! propre, coquette, pavée

de larges dalles, sur lesquelles on marche délicatement, sans se salir les pieds.

Les rues sont étroites et se coupent à angles réguliers ; c'est une ville militaire et vénitienne où l'on voit partout, greffé en écusson, le Lion de St-Marc. Quelques maisons ont des portes et des fenêtres admirablement sculptées.

L'ancienne Piazza dei Signori est le rendez-vous de la société de Zara ; c'est ici que se trouvent les cafés où se réunissent les fonctionnaires. Elle est carrée, et l'on y voit deux monuments bien conservés : la lôggia di Sammichieli et le Corps de garde. La loggia a trois arcs fermés encadrés de colonnes d'un style sévère ; elle sert aujourd'hui de Bibliothèque et de Musée. Il ne reste dans l'intérieur qu'une immense cheminée et une table de pierre supportée par des griffons. En face est le corps de garde, surmonté d'une tour carrée appelée Tour de l'horloge.

Nous visitons plusieurs égises. Le Dôme, appelé aussi Ste-Anastasie, date du XIIIe siècle et rappelle San Zenone, de Vérone. La façade est d'une belle architecture lombarde ; l'intérieur est à trois nefs, et une entrée correspond à chacune d'elles ; les nefs sont soutenues par des colonnes antiques qui doivent provenir d'anciens temples. L'autel principal est placé sous un dais entre quatre colonnes de marbre, toutes différentes et très curieuses ; la pierre de l'autel offre une sculpture remarquable qui date des premiers chrétiens. Dans le chœur sont des boiseries d'un beau travail vénitien. On conserve dans une châsse les reliques de Sainte

Anastasie, rapportées de Constantinople par Saint Donat Sous l'église on voit une très vieille crypte et un ancien baptistère en marbre.

L'Eglise de San Donato, ou de la Trinité, est une ancienne rotonde entourée d'une galerie circulaire. Tout l'intérieur a été blanchi à la chaux et elle a été transformée en grenier et en magasins. La base est formée de vieilles colonnes d'anciens temples qui ont été enfoncées en terre pour en faire les fondations ; c'est un vieux monument des premiers temps du christianisme.

L'Eglise Santa Maria est un couvent de bénédictins fondé au XIe siècle par la sœur de Cresimus, roi de Croatie. L'église de St-Chrysogone est un vieil édifice roman ; l'église St-Michel a un joli portail gothique.

Dans l'église de St-Siméon on conserve sur le maître-autel le corps de Saint Siméon, qui fut rapporté de Jérusalem à Zara par les croisés en 1270. Il est renfermé dans une belle châsse en argent, estimée deux cent mille francs, que nous avons fait ouvrir pour voir le corps du saint vieillard, qui eut le bonheur de se trouver dans le Temple de Jérusalem avec Anne la prophétesse lorsque la Sainte Vierge y présenta son Divin fils. Ce fut lui qui le reçut dans ses bras en disant : « C'est maintenant, Seigneur, que vous pouvez laisser mourir en paix votre serviteur ». Sur la place St-Siméon on voit une colonne antique cannelée, de style corinthien, qui provient d'un Temple de Diane.

Sur la place aux herbes se tient le marché de Zara. Les paysans Dalmates y arrivent de tous côtés ainsi que les femmes des îles : leurs costumes sont très curieux et très variés, chaque district a le sien. Presque toutes les femmes portent des chemises de toile blanche brodées de rouge ; sur cette chemise une houppelande sans manches, d'un bleu foncé, ouverte devant, et ornée de motifs jaunes ou rouges avec agréments de paillettes ou de coquillages ; une ceinture de cinq rangs de cuivre avec clous d'argent, un tablier en tapis du Khorassan qui descend jusqu'à mi-jambe et se termine par une frange, des guêtres pareilles tressées à la main et retombant sur l'opanké. L'opanké, formé d'une peau de mouton attachée sur le pied par des lanières de paille, est la chaussure des Dalmates, hommes et femmes. Les femmes ont encore le cou chargé de colliers composés de pièces de monnaie, d'amulettes, de verroteries, de cabochons de toutes couleurs ; quelques-unes, les plus jeunes, ont la calotte rouge brodée d'or ; d'autres s'enveloppent la tête dans un fichu blanc qu'elles drapent avec grâce et qui retombe par derrière.

Les hommes portent la calotte rouge avec un costume tout aussi pittoresque ; au milieu d'eux, les Pandours ont la poitrine couverte de grandes médailles, par rangs de neuf ou dix, et retombant depuis le col jusqu'à mi-jambes. Les Pandours sont des hommes superbes organisés en force territoriale dans chaque district. Il est rare de trouver une réunion de costumes aussi variés et aussi éclatants de couleurs.

Dans un coin de la place aux herbes se dresse une autre colonne antique qui repose sur des degrés, et qui supporte un lion de St-Marc. Cette colonne servait jadis de pilori, et l'on voit encore les chaines de fer qui servaient à attacher les voleurs et les banqueroutiers. Tout près est une grande tour massive appelée le Bovo d'Antona, et les cinque pozzi, citernes où les habitants viennent puiser de l'eau.

Les Vénitiens, pour leur sécurité, avaient fait de Zara une île, et l'avaient entièrement entourée d'une muraille, avec de beaux boulevards qui permettent de faire le tour de la cité. Une seule porte communique avec le continent, c'est la Porte de terre ferme. Cette porte, qui rappelle la belle Porte de Vérone, donne un noble aspect à la jolie ville de Zara ; au-dessus de l'arc central on voit un très beau lion sculpté, et sur la clef de voûte, Saint Georges à cheval est un petit chef-d'œuvre.

Le jardin public créé par le Maréchal Welden, ancien Gouverneur de Zara, sur les anciennes fortifications, est un lieu de charmantes promenades. Au milieu du jardin s'élève une petite colline d'où l'on a une vue superbe sur la ville, ses quais, ses monuments, ses ports, le mouvement des bateaux de pêche, et des bâteaux à vapeur qui sillonnent la mer.

On dit que la société est très policée, instruite, sérieuse, et conserve de vives sympathies pour la France. Toute la ville est éclairée à la lumière électrique, et le soir il y a une grande animation dans les rues, surtout dans le Corso, où la foule se porte comme dans le Corso de Rome.

C'est à Zara que l'on fabrique la liqueur si connue

appelée Marasquin. Elle se fait avec la cerise dont on enlève le noyau et qui est mélangée avec la feuille du cerisier. Il y a à Zara plusieurs fabriques de marasquin très considérables.

Sébénico, lundi, 2 mai.

Hier, après avoir entendu la messe à Zara, nous partions en voiture pour Sébénico. Il cût peut-être été plus simple de prendre la voie de mer ; mais, persuadée qu'en voyage on ne voit jamais assez et voulant voir le plus possible, j'opinai pour donner la préférence à la voiture qui nous faisait pénétrer dans le cœur du pays, et nous permettait d'étudier les mœurs des habitants.

Hier c'était dimanche, et nous avons eu la bonne fortune de rencontrer les paysannes en habits de fête, les hommes sont réunis et boivent dans les cabarets de villages : c'est un attrait de plus.

A environ quinze kilomètres, à Zémonico, il vient de se fonder un établissement de Trappistes qui ont déjà commencé à cultiver la terre et qui donneront certainement de l'impulsion au pays. Nous traversons une plaine immense, très aride, où l'on ne voit que des rochers et quelques asphodèles. Nous déjeunons à Bencoratz, petit village dominé par un ancien château-fort, et nous avons à côté de nous le chef du district. Près de là s'élève le corps de garde des Pandours, le chef du poste se prélasse devant la porte avec sa poitrine couverte de larges pièces de monnaie, de médailles, de gros boutons en argent.

Il porte pour coiffure une calotte rouge bordée d'un galon d'or, et dont le fond est semé de paillettes dorées ; sa ceinture contient un arsenal de pistolets à la crosse ciselée, de handjars à poignée d'argent, ornés de coraux et de cabochons.

Nous arrivons à Ponte di Bribir, et pendant que notre conducteur fait souffler ses chevaux, Mme M. essaye de faire la photographie d'un groupe de paysans réunis devant l'auberge. Ils posent avec assez de complaisance pendant que tout le village nous entoure : ce sont des rires, des cris, des étonnements sans fin; cependant ils se familiarisent peu à peu; et bientôt tout le monde voudrait avoir son portrait; mais le jour baisse et il faut continuer sa route.

Le paysage ne varie pas : ce sont toujours des plaines caillouteuses, sans un arbre, excepté quelques maigres oliviers ; quelques troupeaux de chèvres et de moutons viennent seuls égayer le paysage qui ressemble à une vague pétrifiée. Nous nous arrêtons à Scardona; jolie petite bourgade de mille habitants où nous couchons.

Ce matin de bonne heure nous partons en voiture pour aller visiter les chutes de la Kerka ; on peut aussi s'y rendre en barque et arriver jusqu'au pied des chutes. La Kerka, qui coule au fond d'un ravin, encaissée dans le rocher, s'élargit tout-à-coup et se précipite sur un escarpement de rochers, à travers un fouillis de verdure qui lui fait un cadre délicieux. La masse des eaux dégringole de saillie en saillie, de roc en roc, par plusieurs gradins divisés en une multitude de cascades, traverse de petits tunnels, s'échappe par de nombreuses ouvertures et rebondit sur les pointes des rochers qui brisent les lames et les transforment en poussière. C'est un tableau ravissant.

Nous continuons notre retour en voiture, nous traversons la Kerka sur un bac où l'on nous installe avec nos chevaux, et nous touchons à l'autre rive. La route s'élève sur un plateau d'où la vue plonge sur Kardona ; nous faisons encore vingt kilomètres toujours dans une contrée aride et pierreuse ; puis tout à coup on découvre là mer, les îles, la rade de Sébinico et l'enceinte de murailles qui l'entoure.

Sébénico, ville de 8.000 habitants, est encore une ancienne possession de la République de Venise qui s'en empara le 12 juillet 1412, après un siège de deux ans. Elle se rendit par la famine. C'est une ville curieuse, remplie d'escaliers tortueux bordés de maisons bizarres, de couloirs obscurs d'où l'on débouche tout à coup pour admirer une belle loge italienne avec arcade de la Renaissance ; quelques maisons ont de belles sculptures, des fenêtres, des balcons, des miradores. Je m'engage au hazard sur ces gradins en amphithéâtre ; je grimpe ces rampes tortueuses, usées et glissantes comme la lave, et j'arrive sur une plateforme à créneaux qui domine toute la ville.

Sébénico n'est pas sur la mer, elle est située sur un golfe formé par les eaux de la Kerka qui se joignent à l'Adriatique, et elle est gardée par trois anciens forts qui lui donnent un aspect des plus pittoresques. Dans la ville basse, près du port, il y a un théâtre, un jardin public, un casino, et un très beau café qui s'est installé dans l'ancienne Loggia, ou Palais des Provéditeurs. La ville est éclairée à la lumière électrique, et il se fait un grand commerce d'huile et de vin de Dalmatie.

Les hommes sont grands et forts et portent un riche costume : gilet rouge brodé sur la poitrine, orné de gros boutons d'argent, et pour coiffure, un tout petit béret rouge, qui ne doit pas les préserver du soleil, mais qui leur donne une physionomie très singulière. Les femmes sont belles et portent le costume slave : jupe courte et plissée, corselet posé sur la chemise et grosse ceinture garnie de clous de métal.

Sébénico, mardi, 3 mai.

C'est une bonne habitude, lorsqu'on veut voir l'ensemble d'une ville, de commencer par monter sur les hauteurs. Ce matin nous partons à la découverte et nous grimpons au fort Sta Anna. Autour de Sébénico sont trois forteresses, aujourd'hui déclassées : San Giovanni, le Baron, et Santa Anna qui se trouve au-dessus du cimetière. Le Campo Santo n'a rien de remarquable ; quelques tombeaux appartiennent aux familles les plus riches de la ville ; les pauvres sont apportés dans une bière commune, on les retire de la bière, puis on recouvre le corps d'une dalle, comme si c'était le pavé d'une église. Un cercueil était là qui attendait son tour ; cela m'a paru bien froid dans un pays catholique.

Du Fort de Santa Anna, on a une vue superbe : les toits des maisons et les dômes des églises s'étagent à nos pieds, et le murmure de la ville monte jusqu'à nous ; le golfe, les îles, la mer, se profilent sous un ciel bleu, et plusieurs bâteaux arrivent lentement vers le port.

La Cathédrale de Sébénico est l'un des monuments les plus intéressants de la Dalmatie. Elle est du XVe et du XVIe siècle; aussi a-t-elle deux styles de deux époques différentes : le gothique flamboyant, et le style plus pur du XVIe siècle. La façade est belle, quoique un peu lourde ; il est fâcheux qu'on ne puisse la voir suffisamment de loin et qu'il n'y ait pas plus de recul sur la piazetta. La voûte en pierre sculptée est remarquable ; tout autour de l'église une rangée de têtes, toutes différentes, sont encastrées dans la muraille et font un effet très original.

Le baptistère, soutenu par un groupe d'enfants, est assez curieux ; il se trouve dans une petite chapelle gothique qui doit dater du XVIe siècle.

Il y a à Sébénico un grand nombre d'églises et de couvents. A l'extérieur de l'église de la Ste Trinité un très bel escalier en pierre sculptée rappelle les mimbars des mosquées orientales. Il y a aussi une église grecque orthodoxe : sur la façade sont deux cloches suspendues sur des balcons de pierres.

En me promenant au bord de la mer j'ai rencontré l'évêque de Sébénico accompagné d'un religieux, et comme je le saluais, il s'est approché de moi avec beaucoup d'amabilité en me disant dans un très bon français : Vous êtes française,

Madame? Puis il s'est informé de notre voyage, et sa conversation m'a beaucoup intéressée.

Tous les habitants de Sébénico sont catholiques, à l'exception de quelques familles grecques, et ils sont très religieux et très fervents. Nous entrons dans une église où l'on fait le Mois de Marie ; l'église était remplie, le prêtre récitait le chapelet en slave, auquel tout le monde répondait ; et les tout petits enfants répondaient également de leur petite voix flûtée en joignant les mains.

Spalato, jeudi, 5 mai.

Encore une nouvelle étape. Cette fois c'est en chemin de fer que nous partons, à huit heures du matin, pour arriver à midi à Spalato. La voie longe d'abord la mer ; puis elle s'élève sur un plateau dénudé, d'où l'on aperçoit les sept châteaux de Castelli qui ont donné leur nom à ce pays. Le terrain est mieux cultivé, la vigne vient en abondance, et l'on dit que le vin des Castelli est très estimé.

Spalato, ancienne ville romaine, est l'une des plus intéressantes de la Dalmatie. Elle est située au bord de la mer, au milieu d'une jolie campagne, et son climat est si doux qu'elle est recherchée par les personnes délicates ou atteintes de maladies de poitrine. Elle a aujourd'hui 15.000 habitants.

Mais ce qui fait de Spalato une des villes les plus curieuses du monde, c'est qu'elle renferme le Palais de Dioclétien ; et pour l'étudier et le comprendre, il est nécessaire de refaire un peu d'histoire. Pour cette fois j'emprunte la narration de Ch. Yriarte et je lui cède la plume.

« L'Empereur Dioclétien était né à Dioclea sur
« les bords de l'Adriatique. Il était simple soldat
« d'une légion romaine, et il s'était élevé aux plus
« hauts grades de l'armée lorsque les cohortes lui
« décernèrent la pourpre impériale, l'an 284 après
« J.-C. Il ajouta à son nom celui de Jupiter et
« associa à l'empire Maximilien Hercule.

« Après une longue période de guerre, Dioclé-
« tien était devenu un administrateur de génie et
« un profond législateur. Il repousse l'invasion des
« barbares, assure la paix de l'Empire, et sait
« allier à la gloire militaire, la gloire de laisser
« des monuments dignes de sa puissance.

« A Rome, il fait construire les Thermes qui
« portent son nom; à Palmyre, il élève ces fameux
« Temples, ces Portiques, ces Palais, dont les
« ruines étonnent encore le monde : Carthage,
« Milan, Nicomédie avaient vu sortir de terre de
« splendides monuments, et il avait dépensé à
« pleines mains les trésors de l'Orient et de
« l'Occident.

« Dioclétien était arrivé au faîte de la puissance
« lorsque, déjà fatigué du monde, il jette les yeux
« sur la ville de Salone, située au fond d'une baie
« paisible, au pied des montagnes ; il la bouleverse
« la reconstruit, et il y fait dessiner des jardins où
« il aimait à se retirer dans la solitude, au milieu
« de cette nature dalmate qui parlait à ses souve-
« nirs. Vers le même temps, tout près de Salone,

« et au bord de la mer, Dioclétien avait jeté les
« fondations d'un immense Palais. Il avait mis
« neuf années à construire cette somptueuse retrai-
« te, digne encore d'un Empereur, et assez grande
« pour contenir des Temples, des Thermes, des
« salles destinées aux prétoriens, et des habitations
« pour recevoir tout ce monde qui gravitait autour
« du souverain.

« L'an 303 après J.-C., alors que l'Empire romain
« arrivé à cette grandeur démesurée qui devait
« causer sa ruine, venait d'entrer dans une ère de
« paix, éclairant le monde d'un dernier rayon de
« gloire, l'Empereur Dioclétien, vainqueur des
« Mèdes et des Perses, assembla le peuple et l'armée
« dans les plaines de Nicomédie, gravit les marches
« du trône, et le front ceint de la couronne impé-
« riale, dans tout le prestige de sa dernière victoire,
« il annonce au monde sa détermination d'abdi-
« quer l'empire. Au milieu de la stupeur causée par
« cette déclaration, sans même rentrer dans sa
« capitale, il se cache à tous les yeux dans un
« chariot couvert, et se dirige vers la Dalmatie
« pour s'y retirer loin du monde, et occuper le
« splendide Palais qu'il avait fait construire au
« bord de l'Adriatique ».

Ce Palais de Dioclétien qu'il habita pendant neuf
ans, jusqu'à sa mort, s'élève encore aujourd'hui à
Spalato; ou plutôt c'est la ville elle-même qui s'est
fondée dans son enceinte et abritée dans ses murs.
A quelques pas étaient les jardins de Salone que
l'Empereur montrait à son collègue Maximien en
lui disant : « Si vous pouviez voir les laitues que

j'ai plantées de mes mains, vous ne me presseriez plus de reprendre le fardeau du pouvoir ».

Après la mort de Dioclétien, les Huns, les Goths, les Vandales envahissent la Dalmatie ; Salone est détruite, le Palais est dévasté, les trésors sont pillés et emportés par les Barbares.

Cependant les murs restent debout et servent de refuge aux habitants de Salone chassés de leurs demeures. Ils construisent une ville dans les cours, sous les portiques ; c'est alors au VIIe siècle que Spalato devient une ville, et comme les habitants de Salone étaient chrétiens, la ville de Spalato est une ville chrétienne.

Le pape Martinus leur envoie comme légat apostolique Jean de Ravenne qui procède à la restauration du culte ; il est acclamé par la foule et nommé archevêque. Jean de Ravenne choisit sa demeure sous le Portique même de l'ancien temple, où habite encore aujourd'hui l'évêque de Spalato, et le temple païen de Dioclétien devient la cathédrale chrétienne. Le mausolée qui fait face au temple est changé en baptistère ; les cendres de Dioclétien sont jetées au vent, et le sarcophage devient la piscine du baptême. Dans ce baptistère on voit encore le tombeau de l'évêque Jean de Ravennes qui convertit le temple en église ; puis les anciennes portes de la cathédrale, en bois sculpté, divisées en quatorze compartiments qui donnent toute l'histoire du Christ; et le sarcophage des deux filles de Béla IV, roi de Hongrie.

A la chute de l'empire romain les Slaves, les Croates et les Serbes se disputent l'Illyrie ; c'est alors que les Vénitiens s'en emparent et lui donnent quelques années de prospérité. Puis ce sont les Hongrois, les Croates, les Normands, les Grecs, qui la prennent, la pillent et la saccagent ; les Vénitiens la reprennent en 1420 et la gardent jusqu'à la chute de la République en 1797. Elle passe alors sous la domination de l'Autriche avec toute la Dalmatie.

Il est bien difficile de se faire une idée et de décrire le palais de Dioclétien, la ville tout entière ayant été construite dans son enceinte. De tous côtés on aperçoit, à travers les rues étroites et entre les fenêtres, de tronçons de colonnes, des portes, des chapiteaux qui font saillie sur une muraille, ou des fragments de corniches qui apparaissent entre les toitures. C'est quelque chose d'unique au monde.

La superficie générale du Palais, sans les jardins attenants, occupe 30,500 mètres, la galerie ouverte qui regardait la mer avait 200 mètres. C'était un long promenoir avec portique ou loggia ouverte sur le golfe, et d'où l'on dominait toute l'Adriatique.

Il y avait trois portes principales au Palais : la Porte dorée, la Porte d'Airain et la Porte de fer qui communiquait avec un parc réservé à la chasse de l'empereur. Une autre porte s'ouvrait sur la mer et servait aux débarquements et aux arrivages par la mer ; elle communiquait avec d'énormes souterrains.

Au centre du Palais se trouvait le forum : c'est aujourd'hui la place du Dôme. Le péristyle est décoré de seize grandes colonnes de granit égyptien entre lesquelles on voit des constructions modernes qui le défigurent complètement, et qui sont condamnées à disparaître bientôt pour le rendre à son état primitif. Ce péristyle conduit à un grand vestibule circulaire, couvert d'une coupole aujourd'hui effondrée : c'était l'entrée des appartements de l'Empereur qui regardaient la mer. Il y avait encore les salles de réception, une place publique, un grand temple, un temple plus petit et les Thermes.

Le forum qui est la partie principale de l'édifice a été heureusement conservé. On substitua au culte des idoles celui du Dieu des chrétiens, et l'on fit une église cathédrale du temple antique, en se bornant à fermer les arcs du portique; puis l'on construisit le Palais du premier Archevêque en lui donnant la façade même du Palais. Le Panthéon de Rome, et le temple du Palais de Dioclétien, sont les deux plus beaux édifices antiques, resté sintacts, où les chrétiens ont substitué le culte du vrai Dieu et celui de la Vierge au culte des idoles. Le temple, de forme octogone, s'élevait à l'origine dans une cour fermée du côté de la grande place par un portique de six colonnes qui existent encore. Ce portique extérieur franchi, on arrivait à un autre portique de quatre colonnes; vingt-quatre colonnes de marbre et de granit oriental faisaient le tour de l'édifice. Le portique en avant a été supprimé, et remplacé par un massif qui supporte un superbe campanile élevé en 1416, et à la construction duquel on a employé les colonnes antiques et un grand nombre d'autres colonnes venant de Salone.

L'intérieur du temple est imposant; la religion

chrétienne qui en a pris possession n'en a pas effacé la grandeur. C'est une belle rotonde, couverte d'une coupole ornée de huit colonnes corinthiennes monolytes de granit oriental. Ces colonnes, de sept mètres de hauteur, sont surmontées d'un entablement très riche avec frises. C'est simple et grandiose. L'architecte qui dirige avec tant d'art la restauration du Palais en a fait un monument sévère qui impressionne vivement. La chaire est du XIV° siècle.

En suivant une petite ruelle on arrive devant un édicule qui porte le nom de Mausolée, ou temple d'Esculape. C'est une construction parfaite d'élégance et l'un des plus beaux monuments antiques qui existent en Europe. Un petit musée très intéressant renferme des sarcophages anciens trouvés à Salone, des monnaies antiques, des urnes funéraires, des statues, des poteries anciennes, des haches en silex, et des ornements de fer et de bronze.

Spalato, jeudi, 5 mai.

L'orage qui grondait ce matin, et la pluie qui tombait à torrents nous avaient effrayés, et nous craignions de ne pouvoir faire l'excursion que nous avions projetée ; mais un rayon de soleil arrive et nous montons en voiture.

Nous commençons par visiter Traü, ancienne ville romaine, construite sur un ilot, qui renferme aussi de beaux monuments et qui garde encore intact tout son cachet du moyen-âge. Traü à 5.000 habitants ; elle est reliée à l'ile Bua par un beau pont qui s'ouvre pour laisser passer les bateaux. A l'entrée du port on voit les ruines d'un château fort vénitien, orné de tours massives.

Le Dôme, église cathédrale de Traü, est une des merveilles de la Dalmatie. Il a été construit en 1240 : c'est le plus bel édifice religieux de cette époque. On entre d'abord sous un péristyle orné de belles colonnes et de sculptures, la porte d'entrée est très imposante. Dans l'intérieur le Maître-autel a de belles statues de Saint Laurent et de Saint Jean, en pierre admirablement sculptée ; tout autour, d'autres sculptures en pierre représentent des amours entr'-ouvrant des portes et portant des flambeaux. Les stalles du chœur sont également en bois sculpté d'un travail admirable. La chapelle des Ursini est ornée des statues des douze apôtres ; la chaire, qui est un chef-d'œuvre, est supportée par huit colonnes de marbre ; le baptistère et le campanile sont très remarquables.

Puis, dans la sacristie, on nous montre des missels du XIIIe siècle, un très beau triptyque en ivoire, des tableaux anciens ; les boiseries sont superbes.

En quittant Traü nous passons devant les sept castelli construits près de la mer, et nous arrivons à Salone.

La baie où s'étendait Salone offre encore aujourd'hui un coup d'œil délicieux. La ville était assise sur la rive du Giedro, qui sort des fentes d'un rocher pour aller se jeter dans le golfe de Spalato ; le pays devient charmant, la plaine est verte et riante ; la vigne et l'olivier y croissent en abondance.

La route qui mène à l'emplacement où fut Salone traverse la rivière à l'endroit où s'élevait le pont antique. Salone a disparu et, si l'on n'était pas prévenu, il serait impossible de reconnaître la place où elle a été. Comme à Pompéï et à Herculanum le sol a été recouvert par des envahissements successifs; des figuiers, des amandiers ont poussé leurs racines sur ces terres, le paysan a construit sa cabane, et la ville git en ruines sous ce linceul.

Salone, qui était déjà capitale de la Dalmatie sous Jules César, avait acquis tout son développement sous Auguste. Elle devient le siège d'un évêché fondé par Saint Doïmio, et soixante évêques s'y succèdent. Les derniers empereurs romains l'avaient considérablement embellie, lorsque Dioclétien, qui était Dalmate et qui avait l'intention d'y finir ses jours, la reconstruisit entièrement. Après sa mort elle subit peu de changements; c'est au VIIe siècle qu'elle fut envahie par les barbares qui la pillèrent, la saccagèrent et la livrèrent aux flammes. Salone n'existe plus, et ne se relève plus de ses ruines; ses habitants l'abandonnent et se réfugient à Spalato dans le Palais de Dioclétien.

Cependant quelques fouilles ont été faites depuis une vingtaine d'années, et l'on a découvert des bases de colonnes, un reste d'amphithéâtre dont les gradins ont disparu; plus loin, des soubassements que l'on croit être les Thermes; puis une nécropole dont on a déblayé une partie, et d'où l'on a retiré quelques beaux sarcophages qui ont été transportés à Spalato.

Il n'y a pas de doute, nous sommes dans un cimetière des premiers temps du christianisme;

les sarcophages sont nombreux et épars, la plupart portent la croix grecque et la date du IV⁰ et V⁰ siècle. Malheureusement presque tous ont été visités et violés par les Barbares. Il est fâcheux que l'on ne puisse pas pousser les fouilles plus activement, car il est probable que l'on découvrirait à Salone une ville entière comme celle de Timgad, en Tunisie.

Au retour de Salone nous passons au milieu d'une allée de cactus, de lauriers thyms, de grenadiers en fleurs qui étalent leur belle corolle pourpre; des buissons de chèvre feuilles embaumant l'air. Nous sommes devant Clissa qui étage ses maisons sur une série de terrasses superposées comme les marches d'un escalier. Au-dessus du dernier échelon se dresse le bastion dont le mur dentelé se découpe sur le ciel. Puis c'en est fait de la riante nature, la terre est maigre et semble stérile ; des groupes de femmes haves et déguenillées sont assises devant leurs cabanes de chaume. Enfin nous rentrons à Spalato.

On dit que les habitants de Spalato sont tristes et mélancoliques. Ils n'ont plus le gracieux costume de Zara et de Sébénico ; les hommes sont couverts de vêtements sombres et rapiécés; les femmes ont des jupes en coton noir, et sur la tête des fichus noirs. On croirait qu'ils sont en deuil.

Cattaro, vendredi 6 mai.

Ce matin nous changeons de mode de locomotion, et c'est sur le Lloyd, joli steamer autrichien, que nous faisons le voyage de Spalato à Cattaro. C'est à une heure du matin que nous embarquons ; mais la mer est si belle, le ciel est rempli d'étoiles, et la lune brille de tout son éclat. C'est une belle nuit de l'Atlantique. Je me réveille à Gravosa et je monte sur le pont. Le coup d'œil est charmant, la petite place de Gravosa est très animée, nous apercevons sur le quai un très bel hôtel, et des voitures attendent les voyageurs pour les conduire à Raguse. Nous y reviendrons.

De Gravosa à Cattora le bateau se dirige au milieu des fjords entourés de hautes montagnes : nous sommes dans les Bouches de Cattaro. C'est un panorama splendide que l'on dit encore unique au monde. Les Bouches de Cattaro, qui semblent l'embouchure d'un fleuve, sont au contraire une violente trouée faite par l'Adriatique dans les hautes montagnes qui la bordent ; jamais la nature n'a eu une fantaisie plus singulière, un éclat plus terrible et un aspect plus grandiose. La mer s'est insinuée en sapant la montagne, elle en contourne les bords, et forme tantôt un cirque, tantôt un canal qui conduit à une baie. Chacun des passages par lesquels s'engagent les bateaux s'appelle Bouche, et l'ensemble a reçu le nom de Bouches de Cattaro.

Plus on avance, plus il faut regarder les deux rives qui parfois semblent se toucher. Le navire marche lentement pour franchir les passes ; de chaque côté s'étalent de charmants villages ; puis la nature devient plus abrupte, le rocher se dresse presque perpendiculaire, le paysage devient sévère, sauvage : nous sommes à Cattaro.

L'arrivée à Cattaro est un magnifique spectacle,

et quoique je sois habituée aux beautés de la nature, j'admire et je suis véritablement en extase devant ces hautes montagnes qui semblent fermer le monde. Cattaro se trouve au fond d'une petite baie ; le bateau s'avance entre ces murailles de granit, et lorsqu'il s'arrête il n'y a plus rien: c'est le bout du monde. Plus de passage, pas de chemin de fer: une montagne nue ferme l'horizon. Seuls, d'immenses escaliers permettent de gravir cette montagne, au sommet de laquelle on aperçoit des forteresses, dont les murs d'enceinte montent en rampant jusqu'aux premiers contre-forts de la Montagne Noire.

Cattaro est une véritable place forte, défendue par trois forts; des murailles l'enserrent de tous les côtés, et trois portes, dont deux sont fermées au coucher du soleil, en défendent l'entrée. La troisième porte, qui donne sur la mer, reste ouverte jusqu'à minuit les jours d'arrivée des paquebots. Cette porte, assez monumentale, est décorée d'inscriptions et de beaux écussons.

Du quai de débarquement l'aspect est assez riant ; le quai planté d'arbres, et un joli jardin où l'on trouve des sièges, permettent aux habitants de venir jouir de la vue de la mer, et du spectacle mouvementé que donne à ce petit coin perdu l'arrivée des bateaux qui débarquent à chaque instant. Cattaro n'ayant pas de voie de terre est desservie seulement par la navigation, et elle sert d'entrepôt du Monténégro qui n'a pas d'autre débouché pour ses produits. On commence déjà à apercevoir le costume Monténégrin et la langue italienne se perd de plus en plus.

Nous pénétrons dans la ville, à travers des rues étroites, où il est inutile de dire que les voitures ne circulent pas; l'hôtel de Gratz est des plus primitifs, mais nous sommes heureux d'avoir un gîte : il y a quelques années à peine les étrangers qui débarquaient à Cattaro se logeaient où ils pouvaient. La ville elle-même se compose de petites rues contournées ; à mesure que l'on avance on est dominé par la montagne, on sent que l'air et la lumière manquent, puis le rocher vous arrête. La population est de quatre mille habitants sur lesquels la moitié seulement est catholique, l'autre moitié est grecque orthodoxe.

Le marché de Cattaro est tenu surtout par les Monténégrins, qui viennent de Niegous et de Cettigné, faisant sept ou huit heures de marche, pour vendre quelques denrées. Ce sont les femmes Monténégrines qui remplissent ce dur labeur, et qui viennent à Cattaro chargées de lourds fardeaux sur leur tête ou sur les épaules. Elles traversent ces montagnes abruptes, et je les ai vues dégringolant ces huit cents marches, faites de pierres aiguës et roulantes, qui forment soixante-quinze lacets, et que l'on appelle les Echelles de Cattaro. Le cœur se serre en les voyant courbées sous le faix.

Ces échelles étaient autrefois la seule route qui conduisait au Monténégro, et les habitants du pays s'en servent encore parce qu'elle est la plus courte; depuis quelques années seulement une route carrossable a été tracée jusqu'à Cettigné et s'élève en zigzags au-dessus de la vieille forteresse de San-Giovanni. Nous la verrons demain.

MONTÉNÉGRO

Cettigné, samedi, 7 mai.

La route que nous suivons ce matin n'a été ouverte qu'en 1881, au prix de difficultés inouïes, longtemps réputées insurmontables. Il fallait tracer cette route dans le rocher, élever des murs de soutènement, et cela presque sur un plan incliné ; c'est, dit-on, l'une des pentes les plus rapides qu'il soit possible d'atteindre. Le col par lequel on pénètre sur le plateau du Monténégro s'ouvre à une hauteur de mille mètres au-dessus de la ville de Cattaro, et s'élève à quinze cents mètres. Avant la nouvelle route il n'existait pas d'autres moyens de communication que les échelles, dont les soixante-quinze lacets situés sur le bord de précipices donnent le vertige. Il faut être endurci à toutes les fatigues, comme les habitants de ces montagnes, pour s'aventurer sur ces galets roulants, et risquer de glisser dans ces abîmes effroyables.

La nouvelle route, qui s'élève sur les saillies du rocher, présente le plus magnifique spectacle que l'on puisse voir. A mesure que l'on avance on domine d'abord la ville, puis le golfe de Cattaro ; on arrive au niveau du Fort dont on est séparé par un noir ravin ; nous sommes à mille mètres d'altitude, et plus on monte, plus le Fort se colle au rocher, plus la ville de Cattaro semble faire partie de la montagne. Elle est à mes pieds, avec ses places, ses rues, sa marine, et il me semble qu'une pierre qui se détacherait du rocher irait en dégringolant écraser un de ses habitants. Nous faisons arrêter la voiture pour mieux contempler ce panorama merveilleux. C'était du vertige !

A quatre kilomètres et demi de Cattaro on atteint la frontière du Monténégro, et la route s'élève en ligne droite jusqu'au col de Kérita. Une large et profonde grotte s'ouvre dans le rocher, et dans la saison des pluies un torrent s'échappe de cette ouverture béante, et roule en bondissant dans un ravin. Aujourd'hui le torrent est à sec, mais je suis saisie de stupeur à la vue de cette gorge et de la hauteur à laquelle nous sommes parvenus. La voiture s'arrête encore, et mon regard plonge une dernière fois sur la ville de Cattaro, et sur l'horizon immense qui se déploie devant nous. Il est impossible de voir un spectacle plus grandiose, un décor plus étourdissant.

Nous nous arrêtons pour déjeuner à l'auberge de la Verba. Le déjeuner est des plus sommaires : des œufs et du jambon, c'est tout ce que le maître d'hôtel peut nous offrir. Mais les œufs sont frais, le jambon est délicieux : comme l'on déjeune bien quand on a faim !

A une petite table à côté de nous, quatre beaux Monténégrins déjeunaient également ; ils revenaient de la chasse où ils n'avaient rien pris. C'étaient quatre hommes superbes ; l'un d'eux surtout avait une tête remarquable à grand caractère : le teint bronzé, les cheveux noirs, la moustache retroussée, les yeux noirs et d'une profondeur extraordinaire. Ils parlaient un peu Italien et nous essayons de dire quelques mots, de leur parler de leur pays et de leurs montagnes. Leurs figures s'animent peu à peu et nous devenons presque des amis. Après avoir mangé, et comme j'allais fureter dans un coin de la cuisine, j'aperçois une vieille bouteille de chartreuse : c'était un souvenir de la France ! Je fais venir immédiatement des petits verres, je leur offre la chartreuse, et nous trinquons à la santé de tous. Ils nous répondent au cri de : Vive la France ! et après nous avoir serré fortement les mains, ils nous accompagnent jusqu'à notre voiture.

C'est un petit épisode de voyage que je n'aurai garde d'oublier.

Nous traversons ensuite la plaine de Niegosch, sèche, aride, où seulement quelques cuvettes, de loin en loin, contiennent un peu de terre végétale et peuvent être cultivées. C'est ici le berceau de la famille des princes de Monténégro. On y rencontre quelques maisons éparses, puis le village de Niegosch ; c'est un des points les plus durs du passage, une sorte de coupe-gorge qui rend la défense la plus impénétrable. Il faut un peu s'écarter de la route pour voir le village, les maisons sont très basses, et de grosses pierres posées sur les toitures, servent à les protéger contre les rafales d'un vent impétueux.

La route traverse dans toute sa longueur cette région désolée.

Des montagnes grises et nues succèdent à des collines arides ; des quartiers de rochers sont entassés les uns sur les autres, nous ne rencontrons pas un être vivant : c'est la désolation et la mort....

Tout à coup nous apercevons, comme un grand disque d'argent, le lac de Scutari frappé par les rayons du soleil ; la route s'abaisse, nous descendons rapidement ; voici le mont Lovchen sur lequel se dresse le tombeau de Pierre II, le dernier vladika du Monténégro ; nous descendons toujours, et nous arrivons vers trois heures à Cettigné.

Cettigné, localité de 12 à 1500 habitants, est un petit village qui n'annonce guère l'importance d'une capitale ; c'est cependant la résidence d'un prince brave, belliqueux, instruit, intelligent, et adoré de ces sujets. Plusieurs fois il a visité la France et l'Europe ; il a habité Paris, et il parle admirablement notre langue. Sa famille est patriarcale, il a dix enfants, trois fils et sept filles ; sa femme, Milena, est également de race monténégrine : c'est une femme d'une instruction supérieure et d'un grand mérite.

Le palais du prince est une modeste habitation carrée, ornée d'un balcon et couverte en tuiles ; un peu plus grande que les maisons voisines, voilà tout. Deux Monténégrins en gardent l'entrée qui paraît d'ailleurs assez accessible, car le prince, très sociable, y reçoit tous ses sujets, et, nouveau

Saint-Louis, rend la justice lui-même et s'informe de tout. Plusieurs fois par jour il sort de son Palais et chemin faisant cause avec tous ceux qui l'accompagnent ; il s'asseoit sur une chaise, et reçoit, sur ce trône rustique, les requêtes de ses sujets : c'est le vrai père de famille. Ah ! si tous les peuples pouvaient être ainsi gouvernés !

Le Prince Nicolas, que l'on appelle toujours Son Altesse, est né en 1841 dans le village de Niegosch que nous avons traversé. Sa famille occupe le trône depuis cent quatre-vingt-dix ans. C'est encore un homme fort et robuste et le plus beau des Monténégrins.

Autrefois, sous l'autorité d'un chef militaire, les Monténégrins toujours prêts à la lutte ne connaissaient que deux cultes : la guerre et leur foi religieuse. Toujours en guerre avec les Turcs ils ne veulent pas être musulmans, et choisissent pour chef spirituel l'Evêque Danilo, de la famille des Petrovicz, homme énergique, et jouissant d'une grande autorité, tant comme chef militaire que comme Evêque. Deux fois Danilo repoussa le flot des envahisseurs, et par reconnaissance pour l'énergie qu'il montra, le peuple rendit héréditaire dans la famille des Petrovicz, le pouvoir dont il a investi le vladika Danilo. Mais comme le mariage est interdit aux Evêques, ils désignent leurs neveux pour leurs successeurs.

Depuis Danilo, élu vladika en 1702, jusqu'à Pierre II en 1852, tous les vladikas qui se succèdent réunissent dans leurs mains la double autorité spirituelle et temporelle ; ce fut le successeur de Pierre

II, le second Danilo, qui abdiquant son caractère religieux afin d'avoir une hérédité directe, prit le nom de Danilo Ier.

Ce Prince, qui fut le premier Prince séculier, remporta à Grahovo une importante victoire sur les Turcs, et sauva la principauté d'une dernière invasion. C'est à la suite de cette bataille, et grâce à l'initiative du gouvernement français, qu'on procéda enfin à la délimitation du territoire monténégrin. Danilo mourut assassiné au mois d'août 1860, et c'est son neveu, le fils de son frère Mirko, qui gouverne aujourd'hui la Principauté.

L'hôtel de Cettigné, où nous descendons, a été créé par le gouvernement du Prince, il a belle apparence et l'on y est très bien. Il est situé au fond de la rue principale, qui est le Corso de Cettigné ; la résidence de son Altesse est à côté, elle a été construite en 1868. A droite on voit une grande construction, basse et sans caractère, c'est le Bigliardo, construit par Pierre II.

Ce Bigliarno a toute une histoire. Le Prince Danilo, oncle de Nicolas, étant allé à Paris, eut la fantaisie d'orner sa résidence d'un billard ; il fallut cinquante hommes pour transporter de Cattaro à Cettigné ce meuble lourd et encombrant. Le nom en est resté au Palais qui n'a plus été appelé que le Bigliardo. Le Prince héritier, Mirko, fils aîné de Nicolas, a aussi son palais qui ressemble un peu à une bonne maison de campagne.

Au pied de la colline se trouve le Monastère de la sainte Mère de Dieu qui servait anciennement de résidence aux anciens vladikas avant le Prince

Danilo. Il est occupé aujourd'hui par l'Evêque métropolitain. Au sommet de la colline on voit une tour ronde qui s'appelait autrefois Tour aux Turcs, parce que l'on y exposait les têtes des Turcs décapités pendant la guerre.

Dans le Monténégro tous les hommes sont soldats depuis l'âge de vingt ans jusqu'à leur mort ; ils ne sortent que bien armés, avec un arsenal complet à leur ceinture, ce qui les fait ressembler à des brigands. Cela s'explique dans un pays où ils sont constamment en défiance contre le Turc, leur mortel ennemi, et cela se comprend en jetant les yeux sur ce territoire qui est enserré de tous côtés par la Turquie. De tout temps les Monténégrins ont jeté les yeux sur Scutari qui leur permettrait d'avoir un port sur la mer : le nom de Grahovo est écrit en lettres de sang, et le sang n'est pas effacé. Les Musulmans avaient perdu trois mille hommes, huit canons et tous leurs convois. C'est de ce jour que date la constitution définitive de la principauté du Monténégro, délimitée par une commission européenne, et dont le protocole fut signé le 8 novembre 1858.

Malgré tous les traités, le Monténégro n'acceptera jamais la situation qui lui a été faite ; les rapports sont toujours tendus avec l'Autriche qui peut leur barrer le chemin de Cattaro, et le prince Nicolas, homme énergique et résolu, a les yeux fixés sur la Russie, d'où il attend le secours au moment critique.

Qu'arrivera-t-il à la mort de l'Empereur d'Autriche ? Nul ne le sait. Et ce grand empire, fait de tant de pièces et de morceaux pourrait bien se désagréger. Je crois que le prince Nicolas fait toujours le rêve d'un grand royaume serbe, et certes il serait bien de taille à le gouverner. Et voilà comment ce petit coin perdu au milieu des montagnes, où il ne croît que des pierres, où l'on ne voit que des chèvres, pourrait devenir un grand pays, et fixe en ce moment les yeux de l'Europe.

Il y a quelques jours il y avait grande fête à Celtigné. La reine d'Angleterre venait d'envoyer sa grande décoration au prince Nicolas, et un envoyé extraordinaire était venu la lui remettre : toutes les puissances étaient représentées dans ce petit hameau, métamorphosé en capitale, et il y avait liesse chez le peuple Monténégrin. Nous avons pu voir un reste de la fête à l'hôtel de Celtigné où il y avait foule et j'ai pu faire la connaissence de l'Evêque catholique d'Antivari qui était venu y prendre part, et présenter ses félicitations au prince.

Le Monténégro a ses timbres particuliers, mais l'on s'y sert encore de la monnaie autrichienne. On y parle la langue serbe ; cependant on se fait comprendre facilement en italien, voire même en français, car il y a plusieurs écoles à Celtigné, et le prince fait tout son possible pour répandre l'instruction parmi son peuple. Les Monténégrins sont des hommes superbes, d'une taille bien au-dessus de la moyenne, ils portent fièrement un très beau costume : culotte courte, veste richement brodée, ceinture de soie albanaise avec pistolets et handjars en argent ciselé, tunique de drap blanc ; et sur les épaules un plaid qui se termine par de longues franges. Sur la tête un petit béret brodé d'or, que le prince porte également orné d'une étoile.

La religion des Monténégrins est celle des Grecs orthodoxes ; mais ils se déclarent indépendants, et ne veulent relever ni du Patriarche grec de Constantinople, ni du synode russe dont ils ont repoussé les prétentions. Leur chef spirituel est désormais le Métropolitain de Cettigné, qui réside au couvent principal, et qui se renferme absolument dans ses fonctions épiscopales. Le Prince a une chapelle particulière près de son Palais et il est très attaché à sa religion. On dit que le mariage de sa fille avec le Prince de Naples l'a laissé froid, et qu'il a vu son abjuration avec beaucoup de peine.

Le Monténégrin est essentiellement belliqueux, il est né pour la lutte, et il n'admire que le courage et la bravoure. Ses armes sont ce qu'il a de plus précieux, et l'on comprend les sentiments de haine qui animent ces deux rivaux, le Turc et le Monténégrin, haine que les conventions et les traités n'ont fait que suspendre sans l'atténuer. Pierre II est le premier qui ait constitué un corps de troupes régulier, auparavant tout le monde était soldat. La guerre éclate, on appelle aux armes, on se groupe autour du plus brave et on court au combat. La mort sur le champ de bataille est l'idéal rêvé. A côté de leurs chefs, les Popes, simples prêtres, archiprêtres ou métropolitains, donnent le signal du combat et l'exemple du courage. Dans la dernière guerre, en 1876, le nom du Pope Zarko est resté célèbre. Joignant l'audace au sang-froid il était parvenu à grouper autour de lui deux mille hommes dont il enflammait le courage. La femme elle-même ne fut pas étrangère à la lutte ; on la vit portant chaque jour aux troupes des vivres et des munitions, traîner les blessés derrière les abris, et leur donner les premiers soins.

Lorsqu'en juillet 1876, le Prince Nicolas apprit que le Turc foulait encore le sol Monténégrin, il rassembla tous les habitants sous le grand arbre de la plaine, proclame la lutte, et il entonna les Pesmas, hymnes patriotiques, auxquels tout le peuple répondit. Quatre mois après les Musulmans étaient repoussés jusqu'en Albanie et capitulaient à Medun.

La guerre n'est pas terminée, et à ce petit peuple on peut prédire un grand avenir !

Scutarie d'Albanie, dimanche, 8 mai.

«Il pleuvait ce matin, c'est un vrai désastre dans ce beau pays de montagne ; heureusement je me souviens de ce dicton : Pluie du matin ne doit pas effrayer le pèlerin. Nous sommes des pèlerins et nous continuons notre pèlerinage.

En quittant Cettigné la route gravit de nouvelles hauteurs ; au bout d'une heure de montée on atteint le village de Granica, situé à une altitude de huit cents mètres, d'où l'on découvre tout à coup le charmant spectacle du Lac de Scutari bordé par les hauts sommets des Alpes d'Albanie. A partir de Granica la route descend toujours en traçant de nombreux lacets ; les pentes abruptes font place à des collines verdoyantes ; on entre dans le joli vallon de la Rieka, qui a donné son nom à un petit village qui s'étend le long du quai qui borde la rivière.

C'est à Rieka que nous prenons le bateau pour Scutari : la pluie a cessé, et nous faisons une délicieuse promenade, en suivant le cours de la Rieka qui se perd dans le lac de Scutari. De chaque côté de la rivière ce sont des collines vertes et boisées, puis les hautes montagnes de l'Albanie couvertes de neige ; de profonds ravins creusent et sillonnent la montagne. Tout à coup l'horizon s'élargit, nous sommes dans le lac de Scutari, et nous débarquons après cinq heures de navigation.

A Scutari nous sommes en Turquie ; il nous faut exhiber nos passeports et subir les formalités d'une douane minutieuse et difficile qui nous fait enlever tous les papiers et les journaux qui sont dans nos valises. Il paraît que la censure est sévère par ici.

Nous traversons d'abord les faubourgs où sont réunis les bazars de la ville ; puis je fais à pied, avec un jeune Albanais qui s'offre à m'accompagner, le trajet jusqu'à l'hôtel. Il faut vingt à trente minutes pour se rendre du port à la ville.

Scutari, située dans une position ravissante, entourée de verdure, est, comme toutes les villes turques, aussi sale que les plus sales quartiers de Galatha. Malgré cela, c'est un petit coin de l'Orient que je revois avec plaisir, avec ses bazars, ses échoppes, ses cafés à la turque, ses mosquées, ses minarets, son Muzzin qui appelle le peuple à la prière, ses femmes voilées, dont on ne voit pas même les yeux, et ses chiens errants.

Pauvre peuple, qui ne veut rien de la civilisation européenne et qui en a tous les vices! Pauvres femmes, toujours courbées sous le joug du travail, toujours humiliées et méprisées, toujours traitées en esclaves par leurs seigneurs et maîtres!

Et cependant il y a un grand nombre de catholiques à Scutari; il y a un Evêque, un pensionnat de Jésuites qui a de nombreux élèves; espérons que vous jouirez un jour des bienfaits de la civilisation et du progrès, et que vous serez rendues à la liberté.

Nous sortons en voiture, quelle voiture ! Qui pourra raconter l'odyssée de ce misérable landau échoué à Scutari! Les rues sont un vrai cloaque ; pas de pavé, nous roulons sur les cailloux, dans les ornières, en des cahots épouvantables ; nous traversons des ruisseaux fangeux, nous coloyons les cimetières. Quel contraste avec ces jolies petites villes de la Dalmatie!

Les Albanais étant le peuple le plus nonchalant de la terre, ne font rien dans ce beau pays que la nature leur a départi, et s'en remettent à la Providence, ou à Allah, ce qui est la même chose, pour faire croître et pousser ce qui est nécesssaire à leur subsistance. Aussi tout vient pêle-mêle, sans culture, dans le plus beau désordre. Quel dommage que la Turquie possède encore en Europe ces belles contrées de l'Albanie, et Constantinople, la perle du Bosphore! Pourquoi ne pas les rejeter d'où ils viennent, dans le Soudan ou l'Arabie, où ils pourraient à loisir faire leurs pèlerinages à la Mecque et emprisonner leurs femmes ?

En attendant nous pateaugeons dans leurs flaques d'eau qui nous éclaboussent, pour remonter sur des rochers qui nous meurtrissent les os. Nous descendons aux bazars où l'on ne peut pénétrer qu'à pied, les landaux de Scutari étant plus accessibles à la casse que les os des chrétiens ; ici, c'est encore un ruisseau fangeux que nous traversons, et dans lequel nous nous embourbons, des cailloux roulant nous disloquent, partout la saleté la plus repoussante.

Mais quel décor ! Quelle couleur orientale ! Les marchands sont à leur échoppe ; ils vendent des étoffes, des denrées de toutes sortes, des oranges, des citrons, des dattes, des raisins ; tout cela pêle-mêle avec du tabac et des friandises orientales. N'importe, c'est l'Orient ! C'est le Turc avec son fez et son chibouk qui nous regarde passer et prend sa minuscule tasse de café, les jambes croisés devant son échoppe. On ne voit plus le cloaque où l'on patauge, et l'on admire malgré soi ce petit coin de l'Orient où le soleil est dans tout son éclat et pare la nature de ses plus vives couleurs.

Cattaro, mercredi, 11 mai.

Trois jours de voyage, trois jours de charmantes promenades dont l'aspect varié nous charme toujours, et nous fait oublier la longueur de la route.

Nous partons de Scutari lundi matin, nous reprenons notre bateau qui nous conduit à la Rieka ; des voitures nous attendent, et nous parcourons de nouveau la belle route qui nous ramène à Cettigné.

Quelle joie de retrouver notre hôtel, notre chambre où tout est propre, confortable, une belle salle à manger, et une bonne table d'hôte ! Cettigné est vraiment une oasis au milieu de ces montagnes, et le Monténégro me semble un lieu enchanteur.

On nous dit que son Altesse part ce soir pour Londres. Je regrette de ne plus revoir ce Prince qui vit au milieu de son peuple comme un vrai Patriarche, et qui est, dit-on, le plus instruit de l'Europe. Avant de partir nous allons presque faire un pèlerinage au tombeau de Pierre II, le grand vladika, qui avait demandé qu'on lui creusât sa tombe au sommet du Lovchen, dans les lieux hantés par la fée Yezerki, dont le nom revient souvent dans les contes populaires des Monténégrins. La montagne a été applanie de vingt mètres pour y faire une plateforme, d'où l'on a une vue merveilleuse.

De Cettigné à Cattoro nous suivons pour la deuxième fois cette route unique au monde. Il fait un temps splendide. Le soleil éclaire tous les sommets des montagnes, et nous pouvons jouir de ce coup d'œil incomparable. Ce sont des rocs jetés pêle-mêle qui rappellent le chaos ; des rochers qui s'élancent perpendiculairement sur nos têtes et menacent de nous écraser, des échancrures taillées à pic qui nous découvrent des précipices sans fond ; des cavernes d'ou sortent des torrents pendant la fonte des neiges, et qui nous présentent d'énormes trous béants; des ravins si profonds qu'ils donnent le vertige. Puis c'est la mer qui se dessine au bas des échelles de Cattaro, et dont on voit dans le lointain la belle nappe argentée. Nous descendons, ou plutôt nous dégringolons presque à pic ce rocher gigantesque qui se dresse comme une muraille au-dessus de la ville et la ferme au reste du monde. C'est étourdissant.

J'ai encore eu la chance, pendant mon court séjour à Cattaro, d'assister à l'ordination d'un prêtre orthodoxe. Le nouvel élu était revêtu d'une tunique en drap d'argent, et présenté par un prêtre qui lui servait de parrain. L'Evêque consécrateur, assisté de deux prélats, avait une tête très vénérable et une belle barbe blanche. La cérémonie m'a paru très imposante. Au moment de la consécration le néophyte a fait plusieurs fois le tour de l'autel guidé par son parrain, avec force prosternements; puis il s'est mis à genoux devant le Métropolitain qui lui a imposé les mains, l'a couvert de son étole, et a récité des prières pendant que l'on tenait sur sa tête le livre des Evangiles. A la communion il a partagé en deux le pain consacré; puis il a bu dans le calice et l'a présenté ensuite au néophyte. Enfin, après un grand nombre d'encensements, de baisements de main et de prières, l'évêque s'est retiré en donnant la bénédiction.

J'ai suivi cette cérémonie avec beaucoup d'intérêt, il y a si peu de choses qui nous divisent. Pourquoi ne pourraient-ils revenir à l'unité puisque nous avons là même foi, les mêmes sacrements et le même Dieu.

Le soir nous avons assisté à une autre cérémonie, cette fois c'était un enterrement catholique. Le mort était un personnage important de Cattaro et les obsèques étaient tout à fait grandioses. Un nombre infini de pauvres d'abord, et de religieux suivaient la croix et précédaient le cercueil en portant des cierges allumés. Le cercueil, enveloppé d'un drap mortuaire jaune et noir, était soutenu sur les épaules, la musique jouait une marche funèbre, de superbes couronnes étaient portées en avant et le précédaient. Puis venait la famille, et une foule immense l'accompagnait à sa dernière demeure.

Raguse, vendredi, 13 mai.

Le « *Sultan* » qui partait de Cattaro hier matin, devait longer les côtes et s'arrêter à toutes les stations pour faire la poste et prendre les voyageurs. C'était une traversée un peu plus longue ; mais elle avait son charme, puisqu'elle nous permettait d'admirer en passant les charmants villages semés çà et là sur les côtes de la Dalmatie, et qui s'appellent Perzagno, Dobuta, Stolivo; Risano, ville de mille habitants, célèbre par sa bravoure, qui a su résister aux Turcs et qui n'a consenti que depuis peu de temps à reconnaître la souveraineté de l'Autriche.

Nous passons ensuite entre deux petits îlots formés par deux rochers qui émergent au-dessus de l'eau ; l'un est l'île St-Georges qui renferme un couvent grec et une église orthodoxe que l'on reconnaît à sa coupole peinte en vert. Sur l'autre s'élève une chapelle catholique dédiée à la Madone du scapulaire. Cette église possède une image attribuée à St-Luc qui a aussi sa légende.

C'était en 1452 ; les pêcheurs aperçurent pendant la nuit une vive lumière dans l'île, et ils trouvèrent cette image entourée d'une auréole. Ils la prirent et la portèrent en pieuse procession à l'église de Persato. Le lendemain, au grand étonnement de tous, la Vierge était revenue dans son île. Trois fois on voulut la replacer sur l'autel de Persato, trois fois elle revint sur son rocher ; les habitants de Persato lui construisirent une chapelle où l'on vient en pélerinage tous les ans le 12 juillet. Le jour de l'Assomption cette image est portée en grande pompe à Persato ; des centaines de barques remplies d'une foule vêtue de ses plus beaux costumes, l'accompagnent en chantant des cantiques et la ramènent dans l'île avec la même solennité.

Le bateau passe si près de Persato que l'on peut admirer un gracieux campanile et quelques jolies maisons vénitiennes. Puis il franchit les Bouches-de-Cattaro, passage étroit, si resserré entre les montagnes, qu'on l'avait appelé « le catene », parce qu'il pouvait se fermer avec des chaînes de fer. De gracieux villages se succèdent et reflètent leurs jolies silhouettes dans les eaux bleues de l'Adriatique, les clochers s'élèvent sur chaque pointe ; nous ne perdons pas de vue les deux rives ; bientôt le bateau s'arrête à Castel-Nuovo, belle ville entourée de murailles crénelées et bâtie en amphithéâtre.

Le bassin s'élargit, les côtes s'éloignent, nous

sommes presque en pleine mer et nous avons un peu de tangage ; mais le vent est bon, il vient de l'arrière, et nous filons vite.

Nous voyons ensuite Raguse, Vecchia qui ouvre l'entrée des Bouches-du-Cattaro ; trois forts la défendent. C'est un beau spectacle qui met fin à un beau voyage.

La baie de Gravosa est l'une des mieux abritées des côtes de la Dalmatie, elle peut recevoir les plus forts navires. La ville n'est qu'une simple bourgade qui sert d'entrepôt à Raguse ; des voitures nous attendent et nous arrivons à Raguse par une belle route en corniche parsemée de riantes villas, de jolies maisons de campagne, de superbes jardins où croissent les cactus, les aloës, les palmiers ; les rosiers sont en fleurs, les orangers embaument l'air : on se croirait à Monaco.

Il faut une demi-heure à peine pour aller jusqu'à Raguse, et nous descendons à l'hôtel Impérial magnifique hôtel, construit il y a deux ans, avec le plus grand luxe et le plus grand confort. De ma chambre, j'ai une vue splendide sur la mer et le château-fort; la musique militaire se fait entendre sous mes fenêtres, et semble saluer notre arrivée. Nous nous souvenons que Raguse a été française, qu'elle a donné son nom au Général Marmont, que les Français l'ont embellie et qu'elle a conservé un bon souvenir de notre patrie. Il nous semble que nous sommes chez nous et nous saluons Raguse avec enthousiasme.

L'origine de Raguse est la même que celle de Spalato. Après l'invasion des barbares à Salone, les habitants se réfugièrent sur ce rocher, et délaissèrent Gravosa pour la baie de Raguse, qui leur offrait un asile plus sûr. Raguse devint une ville forte, plusieurs fois assiégée par les pirates; elle devint bientôt la rivale de Venise. Dès le IX⁰ siècle elle était déjà la ville la plus considérable de la Dalmatie, elle trafiquait avec l'Asie et l'Afrique, et étendait partout son commerce et son éclat littéraire. On l'avait surnommée l'Athènes de la Dalmatie. Plusieurs fois elle repoussa les attaques des Vénitiens; une fois ils allaient s'en emparer, lorsqu'un prêtre, averti du danger, leur persuada que St-Blaise lui était apparut et lui avait révélé leur approche. Depuis cette époque St-Blaise a été reconnu comme le patron de la ville, et son image fut placée sur le sceau de l'Etat.

Les Turcs et les Maures essayent encore de nouvelles attaques vers le XV⁰ siècle, mais ils sont contraints de lever le siège. Raguse est arrivée au comble de la prospérité, elle a des comptoirs en France, en Espagne, en Italie, en Angleterre et dans tout l'Orient; ses richesses sont immenses. Malheureusement elle devait succomber à des fléaux plus terribles : vers l'an 1464 un incendie formidable la détruit ; à peine a-t-elle relevé ses ruines qu'un marchand d'Ancone lui apporte la peste ; le fléau dure six mois, vingt mille habitants succombent, et la ville est déserte.

Mais Raguse a une telle vitalité qu'elle se relève encore ; elle reprend son commerce et ses relations avec l'Europe, lorsque, le 6 avril 1667, une tempête terrible se déclare, les vagues s'élèvent à une hauteur formidable, les navires à l'ancre sont broyés, et toute la ville est ensevelie sous un effroyable tremblement de terre. Cette fois elle ne se relève plus ; le feu sacré était éteint ; toute ses forces vitales étaient épuisées, et lorsque les Français y entrèrent en 1808, Napoléon décréta que la République de Raguse avait fini d'exister. Elle fut réunie au royaume d'Illyrie et le Maréchal Marmont devint Duc de Raguse. A la chute de l'Empire elle fut donnée définitivement à l'Autriche en 1815.

Aujourd'hui Raguse se présente sur la mer avec ses hautes murailles flanquées de forteresses qui lui donnent un aspect imposant. Au-dessus du promontoire se trouve le Fort San Lorenzo, et sur le plus haut sommet de la montagne on aperçoit le Fort Napoléon, maintenant Fort Impérial. La ville est construite en partie sur le promontoire qui s'avance dans la mer, et en partie sur les flancs du Mont Sergio.

Après les jardins et les villas qui bordent la route, on arrive au faubourg Pille, où se trouve l'hôtel Impérial; en dehors de la ville ; en face de la route se dresse la poterne de la forteresse qui enferme la cité tout entière.

Pour aujourd'hui je me borne à écouter la musique autrichienne, pendant qu'assise sous la vérandah je contemple le charmant panorama que j'ai sous les yeux. Je respire toutes les senteurs des jasmins et des roses, et nous nous trouvons si bien à l'hôtel Impérial, que nous nous décidons à attendre le second bateau qui part lundi.

Ce seront quelques jours de repos bien agréables.

Raguse, dimanche, 15 mai.

Deux jours de séjour à Raguse, deux jours de promenades dans la ville et les environs.

Au-dessus de la Porte de Pille, flanquée d'un pont-levis et de la Tour Mancetta, on remarque en bas-relief la statue de St-Blaise, avec la crosse et la mitre, plaqué contre un château fort. Ce sont les armes de la ville. La poterne franchie, il faut encore traverser une triple enceinte avec postes et places d'armes, et l'on se trouve dans le Stradone, grande et belle rue dallée, bordée d'anciens Palais, dont les arcades au rez-de-chaussée servent de boutiques.

La Stradone c'est toute la ville. Presque à l'entrée on voit une belle fontaine du XVIe siècle ; en face c'est le porche de l'église des franciscains, riche et bien décorée ; le cloître entouré de doubles colonnettes est assez curieux. Le Stradone, large de dix à douze mètres, est bordé de maisons assez larges, presque uniformes, séparées les unes des autres par de petites ruelles qui n'ont pas deux mètres de largeur. A droite, toutes ces ruelles donnent sur le port, tandis qu'à gauche elles s'élèvent, par des escaliers de cent marches, jusqu'au flanc du Mont Sergio. Toutes les maisons suivent naturellement la pente de ces escaliers, elles ouvrent leurs fenêtres sur les marches, entrelacent leurs balcons, et forment le plus singulier coup d'œil que l'on puisse voir. Tout en haut se profilent les créneaux d'une forteresse, bâtie sur le rocher à une hauteur prodigieuse.

Le Stradone traverse la ville dans toute sa longueur, et conduit à la porte Plocce qui donne sur la campagne, et conduit à l'Herzégovine. A l'extrémité de la rue se trouve la place dei Signori où l'on voit l'ancien Palais du Gouverneur. Le portique est formé de colonnes, supportant des arcades en plein ceintre, ornées de moulures. Les membres du conseil venaient s'asseoir sur des bancs de pierre sous les arcades. La cathédrale, de style italien, est du XVIIe siècle.

La Douane est le plus beau monument de Raguse; c'est le seul qui ait survécu au tremblement de terre de 1667. Entre le Palais du Gouverneur et la Douane, le corps de garde, surmonté de la tour de l'horloge, forme la porte de sortie qui mène à la mer.

L'église des Dominicains est dans le haut de la ville; le cloître est du XIVe siècle. Les Jésuites ont un collège dont tous les élèves portent le costume ecclésiastique, leur église est surchargée de peintures de mauvais goût.

Tous les environs de Raguse sont ravissants, mais comme il faut choisir, nous allons d'abord à l'île de Lacroma, vers laquelle on se rend en barque : c'est la promenade favorite des habitants de Raguse. On contourne l'île avant d'aborder, et l'on débarque sur une petite jetée qui nous conduit, par un joli sentier, à travers un charmant jardin rempli de plantes et d'arbustes de toute espèce. On se croirait dans une des îles du lac de Côme.

Au centre de l'île s'élève un ancien monastère,

fondé, dit-on, par Richard Cœur-de-Lion. Il devint la propriété de l'infortuné Maximilien, dont nous avons vu la chambre à coucher et le cabinet de travail. Il se plaisait beaucoup dans cette solitude. Aujourd'hui c'est un couvent qui sert de résidence à quelques Dominicains qui dépendent de la maison de Raguse.

Le soir, c'est au Val de Brenno que nous nous dirigeons en voiture ; nous suivons d'abord une belle route qui borde la mer. Brenno est un joli village agréablement situé ; un torrent qui descend de la montagne forme plusieurs cascatelles et fait tourner quelques moulins. C'est un endroit frais et verdoyant, abrité par les montagnes qui forment la frontière de l'Herzégovine.

Ce matin, dimanche, je me rends au marché, où affluent tous les gens de la campagne dans leur costume national.

Il y en a de la Bosnie, de l'Herzégovine et des différents points de la Dalmatie. Les femmes des Canalli et celles de Brenno se font remarquer par leur costume pittoresque. Elles sont vêtues de jupons blancs très fins, de vestes et de tuniques brodées ; elles sont chaussées de souliers verts et de beaux bas blancs et ont pour coiffure une toque assez gracieuse, couverte d'un voile blanc qu'elles rejettent par derrière. Le devant de la toque est couvert de médailles. Elles ont aussi beaucoup de bijoux : des colliers formés de grosses boules formés en filigrane d'or, des boucles d'oreilles, des bagues, leurs cheveux sont tressés avec des rubans de couleurs et retombent en longues nattes sur leurs épaules.

Puis, après avoir assisté à la messe latine dans l'église cathédrale, je vais à l'église grecque où l'on célébrait l'office. J'aime beaucoup les cérémonies de l'église orthodoxe. Ainsi que le dit le grand Pontife Léon XIII, ce sont nos demi-frères ; ils ont conservé plus que nous les usages et les coutumes de l'Eglise orientale ; depuis longtemps Léon XIII les appelle et leur tend les bras, comme à ses enfants, et ils n'ont qu'un pas à faire pour répondre à son appel.

L'église est belle ; sur l'iconostase, des peintures d'une grande douceur, et devant l'iconostase des cierges et une image sainte que tous les fidèles viennent baiser avant de se rendre à leur place.

Les hommes sont à droite et les femmes à gauche un détachement de soldats autrichiens est du côté des hommes, et tous assistent à l'office debout. Je remarque qu'ils s'unissent aux prières du prêtre, parfois ils répondent, font des signes de croix, et se tiennent avec beaucoup de respect.

Les premières prières se disent derrière l'iconostase ; puis les rideaux s'écartent, et laissent voir l'officiant qui lit l'Evangile en slave. Au moment de l'offertoire il sort par l'une des portes de côté, et présente au peuple le pain et le vin qu'il va consacrer ; puis les portes se ferment. Elles s'ouvrent au moment de la consécration, et deux accolytes soutenant un corporal, l'agitent au-dessus du calice. Ce moment est très solennel.

Quand l'office est terminé le prêtre distribue à tous les fidèles un petit morceau de pain béni.

Le soir nous allons au Val d'Ombla, et nous faisons à pied l'ascension de la montagne par un escalier raide et rapide qui nous conduit au-dessus de la petite ville de Gravosa. Nous suivons encore un autre sentier rempli de pierres pointues qui roulent sous les pieds, où les chèvres de nos pays ne passeraient pas, et nous découvrons une charmante vallée au milieu de laquelle serpente la rivière de l'Ombla. En face se trouve une jolie petite ville pittoresquement située, et sur tout le parcours de la rivière, à droite et à gauche, sont semées de charmantes villas. L'Ombla est une rivière qui sort tout d'une masse d'un rocher qui forme le fond de la vallée.

Au retour nous descendons à Gravosa par une pente plus rapide encore, et j'avoue que, malgré le plaisir de l'excursion, je conserverai longtemps le souvenir de cette dégringolade, et de mes pieds meurtris par les cailloux.

Mostar, mardi, 17 mai.

Hier départ de Raguse. On prend le bateau à Gravosa et l'on circule entre les îles et les montagnes dans un véritable canal. J'aperçois en passant le Val d'Ombla ; puis le bateau s'arrête à toutes les stations qui bordent la côte : Brace, Stagno, Luce di Giuppana, où l'on pêche la sardine et où tout le village s'emploie à la fabrication des conserves de sardines en boîtes. La sardine est lavée, à son arrivée, dans de grandes tonnes, puis on la fait sécher sur des claies, on enlève la tête, et l'on fait la préparation de la conserve.

A moitié chemin le bateau s'arrête, on transborde nos bagages, et nous traversons en voiture le petit isthme de Stagno qui sépare les deux ports. Le nouveau bateau reprend sa course, et bientôt nous arrivons à l'embouchure de la Narenta, belle rivière naguère inconnue, qui est aujourd'hui la voie de communication avec la Bosnie et l'Herzégovine, et que nous suivons jusqu'à Methovitch.

Methovitch, ville de 1000 habitants, est agréablement située sur la Narenta ; elle forme la frontière de la Dalmatie et de l'Herzégovine, et elle est la tête de ligne du chemin de fer qui traverse la Bosnie. L'église est placée sur une colline d'où l'on a une très belle vue ; au retour nous suivons une agréable promenade plantée d'arbres.

Nous reprenons ce matin le chemin de fer que nous avions laissé depuis longtemps, et nous retrouvons avec plaisir cette voie si facile de locomotion, qui est toujours la plus prompte et la plus agréable. D'un côté la voie longe la Narenta ; à gauche ce sont des montagnes couvertes de grenadiers en fleurs, dont la belle corolle rouge tranche sur le feuillage ; on traverse ensuite une grande plaine très fertile, et l'on arrive à Bouna où l'on remarque un vieux pont turc jeté sur la rivière.

Le village de Bouna rappelle un souvenir historique récent. Ali Pacha régnait sur l'Herzégovine en qualité de vizir indépendant ; il était cruel et féroce ; son plus grand plaisir était de faire empaler les chétiens et de voir leurs têtes exposées sur la citadelle. Ali Pacha s'était fait bâtir une superbe maison de plaisance à Bouna, et il s'y reposait de ses cruautés et de ses exactions, lorsqu'il fut fait prisonnier et amené à Mostar en 1851. La balle d'une sentinelle lui traversa la tête et mit fin à ses jours.

Sa maison est en ruines et on la montre comme le repaire d'un brigand.

Mostar, capitale de l'Herzégovine, se présente dans une situation tout à fait pittoresque. Elle s'étend en long sur les deux rives de la Narenta, qui forme une échancrure entre deux montagnes qui semblent se joindre ; elle est elle-même bâtie sur les contreforts de la montagne, ses maisons s'étagent et s'accrochent aux deux rives ; elles font saillie sur les escarpements du rocher : Mostar m'a rappelé Tiflis.

Anciennement la population était presque entièrement musulmane ; depuis l'occupation autrichienne, ce sont les catholiques qui dominent ; elle compte aussi un certain nombre de grecs orthodoxe. La population totale est de 18.000 habitants.

Un vieux pont jeté sur la Narenta donne son nom à Mostar. Une seule arche en fine ogive s'élève à la hauteur de dix-sept mètres et présente une ouverture de vingt-sept mètres ; il est défendu à chaque extrémité par une grosse tour. La légende fait remonter ce pont à une époque très reculée, mais il est en réalité du XVI° siècle. Vue d'en bas cette arche unique produit un effet grandiose.

A cet endroit le lit de la Narenta est tellement resserré, que les eaux se ruent avec une violence inouïe contre les parois qui l'enserrent, et y creusent de profondes cavernes.

Nous ne sommes plus en Dalmatie, et nous ne voyons plus ces maisons italiennes bien blanches, avec leurs toits rouges et leurs volets verts ; la ville de Mostar est toute grise, les maisons sont couvertes en pierres; et de tous côtés on aperçoit la silhouette des minarets. Il y a un grand nombre de mosquées, une église latine, et une belle église grecque qui domine la montagne. Le cours de la Narenta la divise en deux parties ; sur la rive gauche sont les catholiques ; sur la rive droite sont les bazars, les hôtels et les édifices publics.

Le bazar est toujours très animé : on y voit de belles broderies, de riches tapis, de vieilles armes, des bijoux intéressants. La plupart de ces articles viennent de Constantinople et du Levant. Dans les échappées de ses rues tournantes, et les rives trouées, déchiquetées de la Narenta, il y a des paysages d'un coloris captivant ; les indigènes y apportent également leur note pittoresque par l'étrangeté de leur costume. Les hommes portent le fez et le turban ; les femmes ont le large pantalon à la turque, une veste brodée, et une petite calotte posée sur leurs beaux cheveux qui retombent en longues nattes sur le dos. Les Musulmanes sont voilées et prennent un soin excessif à se cacher même les mains ; quelques-unes passent devant nous pareilles à des fantômes. Elles sont enveloppées d'une longue houppelande bleu foncé les cachant tout entières, qui se prolonge au-dessus de la tête comme un auvent.

Notre sexe nous vaut le privilège d'entrer dans un harem, où nous sommes reçues par une femme d'un certain âge qui a dû être fort belle ; sa fille est superbe, malheureusement ses cils et ses sourcils sont trop noirs : c'est dommage. Ces dames nous offrent le café et nous font admirer leurs superbes toilettes : robes en brocart lamé d'or qui forment coulisse à la cheville, vestes, chemises brodées d'or, superbes bijoux. Leur habitation est d'une propreté recherchée ; partout des divans, des tapis de Bosnie, et l'on voit qu'elles ont beaucoup de peine à s'asseoir à la française pendant notre visite. Comme toutes les Musulmanes, ces dames paraissent très contentes de voir des étrangères ; nous leur faisons force compliments, et tandis que nous les quittons elles laissent encore la porte entre-bâillée pour nous revoir. Pauvres femmes !

Tout près de Mostar, perché sur la crête chauve de la montagne, est un vieux castel dont les ruines se profilent sur le ciel bleu. C'était naguère, au XIVe et au XVe siècle, la résidence superbe des ducs de l'Herzégovine. Au Xe siècle le castel portait le nom de Bouna, aujourd'hui on l'appelle Stiépangrad, en souvenir de Stiépand, le dernier des Princes chrétiens avant la conquête turque. Au pied du rocher, sous la paroi verticale haute de plus de cent mètres, la Bouna sort tout d'une pièce d'une grotte qui peut avoir sept à huit mètres d'ouverture et s'élance dans la plaine avec une rapidité vertigineuse.

Tout près de la source, à l'ombre de la haute paroi s'élève une maisonnette avec un balcon qui surplombe les eaux courantes. Elle est habitée par un musulman qui garde la tombe d'un saint réputée dans le pays comme miraculeuse. La légende dit que le saint homme se lève toutes les nuits pour faire dans la Bouna ses ablutions rituelles. J'ai vu le sarcophage, mais en plein jour, et je n'ose pas y attendre la nuit pour m'assurer de la sincérité du fait.

Sarajevo, jeudi, 19 mai, jour de l'Ascension.

Départ de Mostar à 7 heures du matin par le chemin de fer. La voie est étroite, et les voitures ne contiennent que quatre voyageurs ; chacun a son coin, sa fenêtre, et peut admirer les superbes points de vue qui se déroulent à chaque instant. Nous suivons le cours de la Narenta ; la voie s'engage dans une gorge étroite et profonde, encaissée par des rochers qui la surplombent et s'élèvent à pic. Ce sont presque les gorges du Chabeth.

Nous traversons plusieurs tunnels, puis un beau viaduc de cinq arches sur le ravin de Glogonisca ; la rivière s'élance au-dessus du ravin et forme une jolie cascade. Le pays devient de plus en plus âpre et sauvage : ce sont des crêtes aiguës, des précipices profonds, des blocs entassés les uns sur les autres, des gorges étroites, des pointes acérées. Au milieu de toutes ces horreurs, la Narenta roule et bouillonne dans l'étroit passage qu'elle s'est creusé entre les rochers qu'elle recouvre de son écume. Nous sommes au cœur de l'Herzégovine et le spectacle est saisissant. Ce défilé est une merveille dont la plume ou le pinceau ne saurait rendre la sauvage grandeur. Les montagnes déchiquetées, coupées à pic, semblent fermer l'issue de la vallée pour l'écraser, et l'obscurité en augmente l'horreur.

Nous passons la Narenta sur un pont de fer et nous rencontrons une seconde cascade ; c'est un torrent qui dégringole de la montagne et qui bondit en écumant jusqu'à la rivière. Nous sommes à Jablanitza, jolie petite ville qui s'étend dans la vallée, rendez-vous des touristes qui y trouvent un bel hôtel situé au milieu d'un parc près de la gare. Les chamois et les perdreaux abondent dans ces parages.

Sur tout le parcours du chemin de fer je remarque que les hautes toitures en bois des maisons de la Bosnie ont remplacé les toits en pierres de l'Herzégovine. La Narenta serpente encore au milieu d'une vallée plus fertile enserrée par les montagnes, nous traversons plusieurs tunnels, et nous arrivons à Konitza où l'on déjeune. Arrêt de vingt-six minutes. On avale n'importe quoi : du bouillon, de la salade, du rôti si l'on peut en avoir, et l'on part.

De la station j'ai le temps de jeter un coup d'œil sur la ville gracieusement éparse dans la vallée. Un pont de pierre élégant traverse la Narenta et forme un trait d'union entre la Bosnie et l'Herzégovine. La route s'élève dans la montagne par une pente assez raide, et forme des lacets que nous apercevons de loin avant de les atteindre ; les crêtes sont plantées de sapins, l'horizon s'élargit et nous franchissons les gorges de la Kerka. De jolies cascades s'échappent des montagnes et bondissent de rocher en rocher. Nous sommes à 876 mètres d'altitude, sur la frontière de l'Herzégovine ; la voie fait une trouée sous la montagne, et la locomotive s'enfonce dans un tunnel de 648 mètres de longueur, à la sortie duquel nous sommes en Bosnie.

La petite station d'Ivan a donné son nom au col que nous venons de traverser ; la voie s'engage dans une crémaillère et se joue des courbes et des obstacles ; elle descend ainsi une pente vertigineuse puis, parcourt un charmant vallon dans lequel se trouve la jolie station d'Ildize, desservie par un embranchement spécial, enfin elle arrive à Serajevo, la ville des surprises et des enchantements.

Serajevo, capitale de la Bosnie, appelée en turc Bosna-Seraï, est une ville de 38.000 habitants, dont 18.000 musulmans, 10.000 catholiques, 6.000 grecs othodoxes et 4.000 Juifs. C'est la ville où l'on rencontre les cultes les plus divers. Elle s'étend sur les deux rives de la petite rivière appelée Miliatchka et sur les pentes des montagnes qui l'entourent. C'est une position unique, et je ne crois pas que dans la presqu'île des Balkans il existe une ville qui présente plus d'intérêt et plus de charme.

Le premier aspect est saisissant, et je me rappellerai toujours l'impression qu'elle m'a produite lorsque, assise au soleil couchant, sur le bastion jaune, je voyais la ville à mes pieds. De ci, de là, les minarets s'élancent comme des flèches aiguës, au-dessus des mosquées et de leurs blanches coupoles ; tout à l'entour de hautes montagnes glabres et arides, et dans la vallée c'est un fouillis de verdure au milieu duquel se trouve Sarajevo.

Sa position dans une plaine fertile, au milieu de la Bosnie, l'avait rendue la ville la plus importante de la Province; ce fut en 1511 que Gouzrev-bey, gouverneur de la Bosnie, y éleva une forteresse. Mais la population de Serajevo se révolta contre l'autorité de la Porte, et ce n'est qu'au commencement de ce siècle que Sarajevo devint réellement la capitale de la Bosnie à la place de Travnik. Le vali en fit sa résidence et fit construire le Konak.

Après le traité de Berlin elle fut donnée à l'Autriche qui eut encore beaucoup de peine à s'y établir, et ne s'en rendit maîtresse qu'après une vigoureuse résistance. Il y eut une lutte terrible entre l'armée chrétienne austro-hongroise et les chefs musulmans ; on vit des femmes et des enfants tirer sur les soldats par les fenêtres des harems, et des garçons de dix ans se jeter sur eux le khandjar à la main. Les Autrichiens durent faire rue par rue, le siège de chaque maison, on se battait au milieu des ruines et de l'incendie. Enfin, le 19 août 1878, le général Philippovitch se rendit maître de la ville, et fit son entrée solennelle au milieu des houras de toute la population chrétienne qui acclamait son triomphe.

Cependant, par mesure de conciliation, on choisit Mustapha-bey pour le mettre à la tête de l'administration municipale, et grâce à sa modération les rancunes s'épaisèrent et l'ordre se rétablit. Aujourd'hui Sarajevo est devenu une belle ville européenne avec des hôtels modernes, tramways, voitures à la course, lumière électrique ; mais elle a conservé son cachet et ses mœurs, ses maisons turques, ses cafés indigènes et son bazar, qui est peut-être le plus curieux de tout l'Orient.

Serajevo, vendredi, 20 mai.

Il nous tarde de visiter cette ville unique, et tout naturellement nous courons au Bazar qui est la principale attraction de Sarajevo. C'est ici qu'on étudie la vie, les mœurs, les coutumes des habitants : c'est l'Orient tout entier dans dans ce coin de l'Europe. Ou plutôt, on oublie, en traversant ces voûtes sombres, ces ruelles étroites, que l'on est en Europe ; et l'on se croit au Caire ou à Damas.

Le bazar de Sarajevo porte le nom de Carsia, il se prolonge entre les rues de la Ferhadja et de la Camalussa. C'est un petit coin typique où abondent les éléments les plus divers, les costumes les plus variés et les personnages les plus curieux. C'est la vision de l'Orient et le coloris de l'Inde.

Chaque métier occupe sa ruelle, mais ce sont surtout les batteurs de cuivre et les fabricants d'opankès et d'ouvrages de cuir qui occupent le premier rang. Les batteurs de cuivre font de très jolis plateaux, des aiguières, des ibriks, cafetières à longue queue ; des moulins à café, des samovars ; les corroyeurs nous offrent des opankés, chaussure nationale des paysans de la Bosnie ; des babouches et des bottes en cuir jaune pour les musulmans ; des dessous de selle ornés de piqûres et des ceintures appelées païas, dont le Bosniaque s'entoure la taille comme d'une cuirasse.

Puis ce sont les tailleurs et les brodeurs, les fabricants de poterie, les marchands de tarbouchs. Et enfin les pâtissiers et confiseurs, les gargotiers en plein vent, les bouchers qui étalent leurs viandes saignantes, et les fripiers ! Que de loques ! Que de vermine !

Au centre de la Carsia se trouve le Bezestane, bazar couvert réservé aux draperies et aux étoffes précieuses. Sous ses allées fraîches et l'obscurité des voûtes, il rappelle plus encore le bazar du Levant.

Ici les Musulmans cotoient les Juifs, les Grecs orthodoxes, et tout le monde semble faire bon ménage sous le même toit.

Sous l'ombre épaisse d'un vénérable tilleul, vieux de trois cents ans, s'élève la Mosquée Bégava-Djamia, construite en 1531 par la vali Ghazi Houzref bey. C'est la plus grande des mosquées de Sarajevo, et elle est certainement l'un des plus beaux monuments de l'art musulman en Europe.

La cour qui précède la mosquée est plantée de beaux arbres qui doivent dater de sa fondation, et qui abritent une belle fontaine. Nous chaussons les babouches qu'un fidèle musulman nous apporte, pour que nos pieds profanes ne puissent souiller les beaux tapis de Perse qui recouvrent le seuil de la mosquée, et nous admirons ses superbes proportions, la pureté du style, son élégance, et l'harmonie de l'ensemble. Le Mimbar est un chef-d'œuvre de sculpture.

Près de la mosquée sont les deux mausolées ou tourbés de Hourzeg bey, et de Mouradi bey, son fidèle serviteur. Les sarcophages en bois sont recouverts de riches tapis. En face est la médresséh Kourchounli, fondée également par Hourzeg bey. Elle est devenue une école de prêtres musulmans.

Il y a encore à Sarajévo un grand nombre de mosquées : la Tzareva Djamia, située près du Palais du Gouverneur, est la mosquée officielle. La petite mosquée d'Ali Pacha, au milieu d'un parc, est due à Ghazi Hadim au XVI° siècle. Elle est en grande vénération, et quand les pèlerins partent pour la Mecque ils s'y rendent pour faire leur dernière prière.

L'église métropolitaine orthodoxe a été construite de 1870 à 1875, et les frais de sa construction ont été en partie couverts par le Czar.

La vieille église serbe, dédiée aux saints archanges, est du XV° siècle. Placée en contrebas cette église est comme une crypte où l'on entre en baissant la tête ; la lumière du jour filtre par des baies superposées, et l'aspect en est saisissant. Devant l'autel, deux grands chandeliers portent l'inscription de l'année 1669. L'iconostase est une merveille de sculpture en bois, et date du XVII° siècle.

La cathédrale catholique, récemment construite, est de style gothique. Elle est flanquée de deux tours carrées ; dans l'intérieur il y a de jolies peintures et de beaux vitraux. Le Palais de l'Archevêque est à côté de la Cathédrale.

Le nouvel hôtel de ville, ou Béladia, a coûté six millions de francs ; il est de style mauresque et il a été construit sous la direction d'un architecte français qui a réuni ce qu'il avait trouvé de plus remarquable à l'Alhambra, au Caire et à Cordoue. Un des escaliers représente le Mimbar de Méhémet Ali au Caire ; la cour intérieure, a les mêmes colonnes que la mosquée de Cordoue ; enfin les décorations des salles rappellent l'Alhambra. C'est un monument superbe.

Le palais du gouvernement est un vaste édifice qui renferme les bureaux des principales administrations. Puis c'est le Casino militaire, le Musée national, vaste bâtiment moderne flanqué de pavillons carrés, qui a été inauguré le 1er février 1888. Aussi fait-il l'étonnement des braves campagnards qui viennent en foule le dimanche avec leurs habits de fête, et qui tombent en extase devant les animaux empaillés. Ce musée, de création récente, peut déjà rivaliser de richesse avec les plus beaux musées de la capitale; il comprend deux sections : l'une archéologique et historique, l'autre d'histoire naturelle. On y voit les costumes de tous les habitants de la Bosnie, avec des échantillons de toutes leurs industries : broderies sur tissus, sculptures en bois, vêtements anciens, armes antiques, intérieurs de maisons bosniaques. En visitant ce musée, on peut étudier les évolutions successives qui se sont opérées dans ce pays, relativement moderne, et dont l'antiquité se perd dans la nuit des temps.

L'enseignement scolaire, si négligé autrefois en Bosnie, a été l'objet d'une préoccupation sérieuse du nouveau gouvernement. Il a été fondé des écoles où l'enseignement religieux est donné aux représentants des quatre cultes : catholique, orthodoxe, musulman et israélite ; plusieurs communautés de femmes donnent une bonne instruction aux jeunes filles. La langue yougo-slave est la langue nationale.

L'école du Schériat, créée en 1887, est un établissement d'instruction juridique, qui équivaut en quelque sorte à une faculté de droit musulman. Pendant trois ans les élèves y reçoivent un enseignement spécial qui comprend la théologie, la procédure, la législatation et les éléments de jurisprudence plus spécialement applicable à la Bosnie-Herzégovine. Les adultes y apprennent le turc, le persan et l'arabe ; ils ont chacun leur chambre meublée d'un divan qui renferme toute la literie, une armoire et une table pour écrire. J'ai remarqué que tous les élèves avaient dans leur chambre une carte représentant le théâtre de la guerre hispano-américaine, et qu'ils décrivaient tous les mouvements des troupes à l'aide de petits drapeaux.

Nous visitons aussi les quartiers indigènes de Bistrik et de Kovatchi qui ont tout à fait leur saveur locale. Là, des ruelles étroites tournant à angle aigue montent entre des murs silencieux ; ces ruelles sont bordées de maisons cloîtrées, dont une seule porte s'entrouve discrètement, pour donner passage à une femme, à un fantôme complètement enveloppé d'un linceul. D'autres fantômes errent dans ces quartiers silencieux, et semblent fuir à notre approche comme si nous étions des pestiférés ; elles se collent contre le mur, et nous ne savons que c'est leur visage qu'elles dissimulent à nos yeux, que par la position de leurs talons qui nous regardent passer. Il est vrai que nous ne sommes pas seules, nous avons des messieurs qui nous accompagnent : quel malheur si l'un d'eux allait entrevoir un coin de leur visage.

J'entre dans un de leurs bains ; cette fois je suis seule, et la momie de tout à l'heure, dépouillée de tous ses linceuls, m'offre le plus beau portrait de notre mère Eve avant son péché. C'est à mon tour de reculer épouvantée, et je recule aussi devant la chaleur affreuse des chambres à vapeur dans lesquelles elles sont exposées. C'est un de leurs plaisirs favoris et la plus grande distraction de ces Dames.

Nous terminons notre soirée au « bendbachi » le plus fréquenté des cafés turcs, qui se trouve dans la ville basse, sur la rive droite de la Miliatchka. Le lieu est charmant : on s'asseoit sous une tonnelle, à l'ombre de grands arbres ; on fume le kaliane ou le nargilhé en prenant une tasse de café turc, et le murmure de la rivière vous endort doucement. Je me retoure, et j'ai la vue pittoresque de tout un quartier indigène qui grimpe en étages sur la rive gauche ; et le Muezzin, monté sur le minaret de la mosquée voisine, appelle tous les fidèles à la prière. Tous les disciples de Mahomet se ressemblent, et les musulmans ne font qu'un ; partout je les retrouve les mêmes, à Stamboul comme à Tunis, à Damas comme à Sarajeto : graves, impassibles, aussi bien en fumant leur chibouk, les jambes croisées, qu'en se préparant à la prière dans la mosquée par de saintes ablutions.

Mais voici qu'au milieu du « bandbachi », dans

une sorte de kiosque, des musiciens s'installent. C'est un orchestre hétéroclite, produit de l'Orient et de l'Occident : un violon, une clarinette, une contre-basse, et un tambour de basque. Le concert commence par un air de guinguette, les garçons et les filles se lèvent et se mettent à danser le kolo.

Le kolo, qui signifie roue ou ronde, est la danse nationale des slaves. On l'exécute en rond. Les garçons et les filles se mêlent librement en se tenant, soit par la main, soit à l'aide d'un mouchoir noué à la taille de la jeune fille. La chaîne avance, recule, ondule à droite, à gauche, d'abord lentement, puis avec une ardeur croissante, sous la mesure précipitée de l'orchestre qui prend une allure endiablée. Quelquefois un des danseurs va poser un coussin devant une jeune fille et lui demande un baiser ; puis c'est le tour de la jeune fille qui pose le coussin devant un danseur. Le kolo est une danse très ancienne, on le dansait bien avant l'arrivée des Turcs.

Sarajevo, samedi, 21 mai.

Ce matin, nouvelle course aux bazars, on ne s'en lasse jamais. Je marchande, j'achète, je bibelote, j'ouvre les yeux, je regarde : ces hommes d'abord, grands, beaux, forts, portant fièrement le tarbouch, la culotte bouffante, rétrécie aux genoux et collant aux jambes ; sur le corps, une chemise blanche, une ceinture de soie aux couleurs voyantes autour des reins ; un gilet court orné de fourrure de renard; aux pieds, des bas de laine multicolores dans des opankés. Puis les femmes coiffées du fez, chaussées de sandales à hauts talons, et ballottant leur pantalon à ramages. Elles aiment beaucoup les couleurs voyantes, le rouge et le jaune, et ces deux couleurs réunies forment un ensemble des plus exotiques.

Nous visitons ensuite le Musée commercial, fondé à Sarajevo pour encourager la fabrication des articles du pays. On y apprend l'incrustation sur métal et sur bois, la ciselure, la gravure, et le tissage des tapis. Quelques-uns de ces produits sont très remarquables. La manufacture des tapis occupe 150 ouvrières ; les uns sont tissés mécaniquement les autres sont faits à la main ; on imite surtout les tapis persans.

Une excursion très intéressante est celle de la citadelle, où l'on arrive par une pente raide et rapide, pavée de gros cailloux, que nos vigoureux petits chevaux escaladent rapidement sans perdre haleine. Le panorama est splendide. La ville de Sarajevo se déroule dans toute sa majesté, et nous apparaît avec ses coupoles et ses minarets qui émergent de la verdure ; de jolies habitations bosniaques sont semées çà et là, ou semblent suspendues au-dessus du ravin profond que surplombe la Miliatchka ; la vue plonge au fond de la gorge sauvage, tandis que la plaine s'ouvre lumineuse, éclairée par un beau soleil d'orient.

Nous revenons par une belle route moderne dont chaque contour, chaque courbe, nous découvre un nouveau paysage, et nous arrivons à un pont turc qui s'élance en une seule ogive à vingt mètres au-dessus de la rivière. C'est le pont des Chèvres.

Ce pont a une légende : On raconte qu'un chevrier trouva un jour un riche trésor en gardant ses chèvres dans la montagne. Il aurait pu le garder ; mais il était honnête, et il résolut de s'en dessaisir pour que l'on construisît un pont sur la Miliatchkia. Le trésor passa de main en main : d'abord dans celle du Moukhtar, puis chez Moudir, puis chez le Kaïmakan, et enfin il revint au Vali-Pacha. Et, chose incroyable, le trésor ne se perdit pas en route et le pont fut construit.

Nous nous arrêtons, en rentrant, à la Manufacture des tabacs qui appartient à l'Etat. Le tabac de Bosnie est très estimé, on l'emploie surtout en cigarettes, 600 femmes et 200 hommes sont employés à cette fabrication. J'y ai remarqué des types superbes, et l'adresse incroyable de ces ouvrières qui travaillent avec une dextérité surprenante.

En face de la Manufactures des tabacs, au milieu de la chaussée, se trouve la petite gare qui dessert la station d'Ildize. Les trains partent toutes les heures, et conduisent les voyageurs dans le parc, où se trouvent réunis l'Etablissement de bains et les hôtels.

Les eaux d'Ildize étaient déjà connues sous les Romains et sous la domination turque ; mais ce n'est que récemment qu'une société en a fait l'une des stations les plus confortables et des plus à la mode. Trois beaux hôtels : *Austria*, *Hongaria* et *Bosna*, sont installés avec le plus grand luxe ; l'Etablissemement de bains a tout le confort des établissements modernes ; des cabines spéciales sont réservées aux femmes musulmanes. Tous ces bâtiments sont éparpillés, ou groupés au milieu d'un vaste parc de quinze hectares. Les façades des hôtels donnent sur une belle pelouse centrale émaillée de fleurs : aux alentours, des kiosques où la musique militaire et l'orchestre des Tziganes viennent donner des concerts.

En faisant des fouilles dernièrement pour la construction d'un hôtel on a découvert plusieurs mosaïques très remarquables.

Les eaux d'Ildize sont sulfureuses et salines; elles sont très chaudes, et sortent en bouillonnant d'un immense réservoir.

Une allée droite et plantée d'arbres nous conduit aux sources de la Bosna. Une vingtaine de ruisseaux s'échappent de tous côtés des flancs de la montagne; partout l'eau sort des fissures des rochers, se précipite en torrents, court, serpente, bondit, bouillonne, et devient bientôt un fleuve. Le site est délicieux, et le paysage est ravissant.

Demain nous quittons Sarajevo. Devant ma fenêtre, pendant que j'écris, le soleil dore encore la montagne qui est en face de moi; je compte ces jolies habitations blanches qui tranchent sur la verdure, et au-dessus des arbres j'aperçois les gracieux minarets qui s'élèvent vers le ciel. Le Muzzin appelle encore les bons musulmans à la prière, et sa voix m'arrive claire, monotone comme un chant plaintif. Et cependant tout est riant dans la vallée; les femmes sont jolies, coquettes, et se promènent bras dessus, bras dessous, sous ma fenêtre en caquetant comme des oiseaux. Il n'y a donc que le Turc qui fait ombre au tableau, et la femme musulmane qui l'attriste et l'assombrit.

Jayce, dimanche 22 mai.

Nous reprenons avec plaisir le chemin de fer ; et nous suivons d'abord la vallée de la Bosna ; des forêts de hêtres recouvrent les talus en pente, et la rivière serpente entre les rochers.

La voie s'élève et nous passons devant la station de Han Bjela, d'où l'on se rend, à pied ou à cheval, au monastère de Goutchia Gora. Ce couvent habité par les franciscains, est, dit-on, le plus beau de la Bosnie. Il a été reconstruit en 1857 ; les Pères tiennent un collège où l'on enseigne l'italien et l'allemand.

Puis c'est Dolatz, la chrétienne, avec son église blanche, et Trvanik, la turque : deux petites villes distinctes qui se touchent sans se confondre. Le train traverse la ville et les propriétaires des maisons riveraines de la voie, pour se préserver de l'incendie, ont couvert leurs toitures de petits morceaux de fer blanc qui scintillent au soleil.

Travnik, capitale de la Bosnie au XV° siècle, avait remplacé Lachva, ancienne colonie romaine ; le castel construit par le roi Choura-Tvarko II domine la ville. Elle fut abandonnée en 1850 par Omar Pacha qui fit sa capitale à Sarajevo. Les Jésuites ont un collège à Travnik.

On déjeune à Dolni-Vakouf, et l'on suit le cours

du Verbas qui court comme un torrent ; déjà l'on entend le grondement lointain qui annonce les chutes de la Pliva ; et l'on arrive à Jayce, vieille cité des derniers rois bosniaques.

L'origine de Jayce remonte au duc Hervoia qui fit construire le château en 1405 et y transporta sa résidence. Jayce devint cité royale, et le castel qui domine la contrée porte encore les armes des rois de Bosnie : casque à cimier couronné, surmontant le bouclier à couronne fleurdelysée. Son histoire se termine dans le sang. Stephan Tomachevitch, le dernier roi, ayant refusé de payer le tribut à la Turquie, le sultan Mohammed II envoya une armée contre lui et le fit prisonnier. Il fut condamné à mort et décapité ; son squelette et sa tête ont été pieusement recueillis ; ils sont conservés actuellement sous un sarcophage en verre dans l'église des franciscains.

Jayce, située entre les deux rivières du Verbas et de la Pliva, est une petite ville de 4.000 habitants, moitié catholiques, moitié musulmans. Le sultan Mohammed ne jouit pas longtemps de sa conquête : Mathias Corvin, roi de Hongrie, reprit la forteresse à la fin de l'année 1463, et malgré de nouveaux efforts tentés par les Turcs, ceux-ci ne purent pas s'en emparer. Voici ce que l'on raconte :

Les troupes ottomanes assiégeaient la ville ; puis elles firent semblant de renoncer au siège ; mais c'était en réalité pour construire un grand nombre d'échelles, sous le couvert des forêts environnantes, et dont ils devaient se servir pour tenter l'assaut. Pierre Keglevitch, qui commandait la forteresse, les prit à leur propre piège. Un soir il ordonne aux femmes et aux jeunes filles d'aller chanter et danser le kolo en dehors de l'enceinte ; à ce moment les Turcs sortent de leurs cachettes et courent sus aux remparts ; mais voyant les jeunes filles ils jettent leurs échelles et se précipitent sur les danseuses. Au même instant un coup de canon part de la ville, Keglevitch lui-même accourt à la tête de la garnison ; les femmes et les jeunes filles prennent les armes, et bientôt les Turcs sont exterminés jusqu'au dernier.

Après cet exploit les Hongrois restèrent maîtres de Jayce ; mais les Turcs, qui veillaient toujours, profitèrent des dissensions intérieures qui s'élevèrent entre le roi Ferdinand et le roi Jean, et l'assiégèrent de nouveau. Jayce, le dernier rempart de la Hongrie, tomba en leur pouvoir ; dès lors tout le pays devint turc jusqu'à la Save. Jayce passa à l'Autriche en 1878 avec les autres provinces.

A deux pas de la ville et de l'hôtel où nous sommes descendus, la chute de la Pliva offre un des plus beaux spectacles que l'on puisse voir. Nous la voyons d'abord du haut d'une colline qui domine la chute : la vue est saisissante. Puis nous descendons par un joli petit sentier jusqu'au bas de la chute ; les eaux de la Pliva arrivent dans une course affolée, et la rivière se précipite du haut d'une falaise de trente mètres dans le lit du Verbas.

Ce n'est plus en gracieuses cascades comme les chutes de la Rieka, mais en un seul jet immense qui se fraye un passage à travers les rochers et s'élance dans le gouffre en bondissant. La Pliva semble se briser; elle s'écrase sur un bloc de rochers, et la poussière de ses eaux pulvérisées, nous enveloppe d'une brume épaisse. Ces eaux, d'un vert émeraude, ont revêtu sous les rayons du soleil toutes les couleurs de l'arc-en-ciel.

Je suis fasciné par ce magnifique spectacle, et je ne puis en détacher mes regards. C'est tantôt la Pliva qui arrive dans une course vertigineuse, entre des ilots de verdure, brisant les rochers qui lui barrent le passage ; tantôt la hauteur de cette falaise de laquelle elle s'élance en une nappe formidable, avec un fracas de tonnerre. Je suis clouée sur place, je la quitte à regret, et je me retourne pour regarder encore.

Des sentiers creusés dans le rocher conduisent à des grottes naturelles et permettent de passer sous les chutes comme on le fait au Niagara. Presque au bord du précipice, des moulins s'accrochent au milieu des saules; ils semblent si fragiles que l'on s'étonne qu'ils puissent résister à l'impétuosité du torrent ; je traverse un petit pont de bois et je me rapproche de la chute. C'est étourdissant !

Nous continuons notre promenade par un petit sentier tracé sur la rive du Verbas que nous traversons sur un joli pont de bois, et nous faisons le tour par une nouvelle route construite le long de la falaise. Je revois la chute à une distance plus éloignée; je l'entends encore gronder et mugir, et j'aperçois ce torrent qui se perd dans le lointain.

Anciennement toute la population de Jayce était catholique; la ville renfermait plusieurs églises qui ont été détruites ou changées en mosquées. L'église des franciscains, où nous entendons la messe ce matin, est de construction récente ; elle renferme le sarcophage où l'on conserve les restes du dernier roi de Bosnie.

En arrivant devant l'église, je suis fort étonnée de voir un grand nombre de femmes en faire le tour à genoux. Elles sont vêtues d'une longue chemise très propre; d'une touloupe de laine blanche, d'un mouchoir blanc sur la tête et chaussées d'opankés. Elles tiennent leur chapelet à la main, se prosternent, baisent les portes de l'église; elles me rappellent tout à fait les pèlerins russes faisant le tour du Saint Sépulcre à Jérusalem. J'entre dans l'église ; elles font encore à genoux le tour de l'autel ; puis elles se réunissent par groupes sur les dalles ; les hommes sont d'un côté, les femmes de l'autre ; au moment de l'élévation, tous se prosternent, baisent la terre et lèvent les bras au ciel. Je suis profondément touchée de leur foi et de leur ferveur.

Puis nous montons au castel par des petites rues étroites et raides, habitées surtout par les Musulmans. A moitié chemin nous nous arrêtons pour visiter les Catacombes, monument souterrain où l'on voit quelques loculis comme on en voit dans les catacombes romaines. Elles ont appartenu certainement à la religion chrétienne, et doivent dater des premiers temps de l'Eglise.

On voit aussi, au coin d'une vieille église, un élégant campanile appelé Tour de St-Luc. L'église a été transformée en mosquée, et le campanile en tour d'horloge.

Les ruines du castel n'ont rien de remarquable ; elles ont surtout de l'intérêt pour la belle vue que l'on découvre de la terrasse. Au-dessus de la porte d'entrée on voit encore les armoiries des rois de Bosnie ; des restes de sculptures de l'époque d'Hervoïa ont été envoyés à Vienne.

Près de la poterne est une grande vieille tour ronde, que les indigènes appellent Tour-aux-Rois, et sur laquelle ils avaient bâti un grand nombre de légendes. Un jour on appliqua une échelle pour explorer l'intérieur, mais on ne trouva absolument rien.

En descendant du castel, nous apercevons, à travers les fenêtres grillées, quelques jolies têtes d'enfants qui nous regardent passer avec curiosité ; nous leur demandons par signes si nous pouvons entrer, ils nous répondent affirmativement, et nous pénétrons ainsi dans l'intérieur de plusieurs maisons musulmanes. Dans l'une de ces maisons une vieille femme est accroupie sur un divan ; plusieurs femmes et de nombreux enfants sont réunis. Leur costume n'est pas riche, mais il est d'une grande propreté, la maison également est d'une propreté exquise. Dans l'autre, nous sommes reçues par une femme qui a fait sa toilette pour nous voir : sa robe, à larges pantalons, est lilas clair, ses pieds nus sont chaussés de babouches brodées, un superbe collier composé de pièces d'or forme trois rangs sur sa poitrine, une petite toque, garnie également de pièces d'or, est posée gracieusement sur sa tête. Sa figure est douce et sympathique, ses dents sont superbes. Elle nous offre un verre de limonade sur un plateau d'argent et une petite bonne nous fait passer une élégante serviette rose pour nous essuyer les lèvres.

Quoique notre conversation soit peu intéressante, ni l'une ni l'autre ne comprenant notre langage, elle paraît enchantée de nous voir, et voudrait même nous retenir à notre départ. Pourquoi faire ? Je l'ignore ; mais elle nous accompagne jusqu'à la porte, et nous l'apercevons qui, de sa fenêtre entrebâillée, nous suit du regard.

Nous terminons la journée par une belle promenade en voiture à Jézéro, joli petit village musulman qui se blottit dans un coin de la vallée. A l'entrée du village, un frais pavillon élevé sur pilotis, à l'usage des touristes ; les tables sont dressées, et des sièges nous invitent à nous asseoir. Ce sont d'abord des truites du lac, belles, superbes, roses comme les roses qui nous entourent et qui fleurissent dans le jardinet ; des écrevisses monstres, grosses comme de petits homards ; jamais les Parisiens qui se promènent sur les boulevards n'en ont vu de pareilles. Puis du petit vin blanc qui pétille, et des fraises.

Après le déjeuner on se promène sur le lac. Il a trois kilomètres et demi de longueur ; ses eaux sont si transparentes qu'on en voit le fond, et les montagnes qui l'entourent se mirent sur cette belle glace, polie comme un miroir.

En rentrant à Jayce les femmes dansaient le kolo, et les hommes fredonnaient sur la guzla quelques vieilles poésies yougo-slaves. La guzla est l'instrument national, elle ressemble un peu à la mandoline, mais avec une seule corde, et un long manche orné de grossières sculptures. Dans toutes les chaumières serbes la guzla est suspendue à la place d'honneur, et l'étranger qui entre s'en empare, raconte sur la guzla quelque vieille épopée, ou improvise un nouveau chant.

Les chants serbes sont pleins de poésie ; et c'est par ces chants que l'on s'est transmis, de génération en génération, ces actions héroïques, ces exploits merveilleux des héros légendaires. Je m'arrête pendant quelques instants pour regarder et écouter un vieux guzlar, dont la tête blanchie avait vu passer bien des événements divers ; il était aveugle, et la sueur inondait son front et coulait sur ses joues bronzées. La foule se pressait autour de lui et lui faisait recommencer ses chants. Que racontait-t-il dans son langage inspiré ? Parlait-il de la grandeur de sa patrie, de ses malheurs, de sa gloire, de ses rêves ? Je ne saurais le dire.

Agram, mercredi, 25 mai.

Il n'y a plus de chemin de fer à Jayce, et nous sommes obligés de reprendre la voiture de poste pour nous rendre à Banjalouka. C'est un landau assez confortable ; mais il fait bien chaud, et nous serons bien serrés pour voir à notre aise ce défilé du Verbas que l'on nous dit incomparable. N'importe, nous partons.

La route suit encore une gorge étroite et sauvage,

entre le Verbas qui mugit, et la muraille qui s'élève à 150 mètres de hauteur. C'est dans cette gorge que le fleuve s'est frayé un passage en creusant le roc gigantesque qui l'enserre ; la route entame le rocher ; parfois le défilé est si étroit qu'elle s'y creuse un tunnel ; nous sortons d'un tunnel pour côtoyer un abîme. C'est le défilé du Darial, plus horrible encore.

Nous arrivons à Banjalouka, ville de 12.000 habitants, défendue autrefois par une forteresse ; c'est la tête de ligne du nouveau chemin de fer qui va à Agram, en passant par Doberlin, la frontière de la Bosnie. Nous couchons à Banjalouka, et nous reprenons le chemin de fer jusqu'à Agram.

Agram, capitale de la Croatie, est une ville de 30.000 habitants ; mais elle prend tous les jours un grand développement, de superbes constructions s'élèvent de tous côtés, et elle est appelée à une importance considérable.

Son origine est récente. Le roi Ladislas de Hongrie l'ayant érigée en évêché en 1003, la ville épiscopale se développe et prend la juridiction de la contrée. Puis, comme il faut résister aux invasions des Turcs, Agram devient une place de guerre sans cesser d'être une ville épiscopale ; c'est alors que l'on voit les prêtres et les évêques eux-mêmes endosser la cuirasse et courir à la frontière à la tête de leurs fidèles qu'ils entrainent par leur exemple. Unie à la Hongrie au XIIe siècle, la Croatie a conservé l'esprit de son ancienne organisation et de la féodalité ecclésiastique qui a fait son développement. L'ancien chapitre d'Agram subsiste, formé de vingt-huit chanoines qui se transmettent la propriété de biens considérables, et qui conservent le sentiment national.

Monseigneur Strossmayer, que l'on appelle le Grand patriote, est à la tête de cette croisade intellectuelle. Il a institué une société d'histoire et d'archéologie nationales qui distribue des subsides aux écrivains et aux artistes ; il a aussi une Académie des sciences qui s'occupe de la rédaction des ouvrages en langue croate. Agram possède encore une Académie de musique où se forment les chanteurs. Dans les églises tout le monde chante, mais en croate : c'est un privilège qui a été accordé aux Croates par les Papes, en récompense de leurs luttes contre les infidèles.

Le Palais de la Diète, qui s'élève à côté de l'église St-Marc, est une grande maison qui ressemble à une caserne. Tout noble en fait partie ; le droit d'y siéger s'acquiert par la possession de certaines terres. L'ouverture et la clôture de cette assemblée se font avec une pompe qui rappelle le moyen-âge. Le ban, qui préside la Diète, arrive dans une voiture dorée traînée par quatre chevaux richement caparaçonnés. Les domestiques, en livrée bleue, sont coiffés de chapeaux à plumes, et couverts de brandebourgs. Sur les épaules des Magnats flotte un manteau de velours garni de riches fourrures, retenu par une chaîne d'or enrichie de pierres précieuses ; le kalpak, avec la plume de faucon, est orné d'une aigrette en brillants ; les bottes ont des éperons d'or, le sabre est suspendu à une ceinture d'or incrustée de pierreries. C'est un costume éblouissant.

Toujours dans la ville haute, le musée possède plusieurs salles contenant des antiquités romaines, étrusques, égyptiennes ; puis de belles collections artistiques dues à la générosité de Mgr Strossmayer.

Le Palais de l'Archevêque a l'aspect d'un château fort. Il s'appuie au mur d'enceinte qui entoure la cathédrale, et il est flanqué aux angles de quatre tours rondes. Devant le Palais s'étend un très beau jardin qui est livré au public.

La cathédrale de St-Stéphan est un édifice gothique enfermé dans une enceinte crénelée. Elle est divisée en trois nefs soutenues par de gracieux piliers ; les autels, les vitraux, les statues sont remarquables ; la chaire, en marbre sculpté, est admirable. On voit que les largesses du Chapitre et de Mgr Strossmayer ont contribué à son embellissement. Le Trésor est d'une grande richesse.

L'église de St-Marc, située entre le palais du Ban et celui de la Diète, occupe le centre de la vieille ville. Sa haute toiture en pyramide est faite de tuiles bariolées qui représentent des armoiries, elle ne manque pas d'originalité. A l'intérieur des piliers ronds soutiennent une voûte en ogive ; la décoration est assez bizarre.

La place Jellachich est le centre de la vie d'Agram ; c'est de cette place que rayonnent toutes les rues de la ville basse, et c'est dans ces quartiers que sont concentrés les hôtels, les cafés, les beaux magasins, et les habitations de construction récente.

Au milieu de la place où se tient le marché s'élève la statue de bronze du fameux Ban. Jellachich naquit en Bosnie en 1801. A dix-sept ans, il entre dans un régiment de uhlans, puis il passe dans la garde des Confins et se fait remarquer par sa bravoure. En 1848, pendant que la révolution éclate à Vienne, Jellachich est élevé à la première dignité du pays : celle de Ban. Cette élection fut le signal de la rupture avec la Hongrie. Jellachich ouvre la Diète ; puis il va se justifier devant l'Empereur et l'assurer de son dévouement. Il croyait avoir triomphé de la résistance impériale, lorsqu'il apprit le décret qui le déclarait traître à la patrie.

A son retour à Agram, Jellachich n'en est pas moins reçu comme triomphateur. La guerre à la Hongrie était déclarée, et la révolution était à Vienne. Il marche sur la capitale, et il devient maître de la situation ; mais il ne voulut point se détacher de l'Autriche au moment du danger. Battus à Schwechat, les Hongrois s'enfuirent en désordre et le Ban victorieux faisait son entrée, le 2 novembre, dans Vienne reconquise.

Mais si la capitale était pacifiée, la Hongrie était toujours en pleine révolte ; Kossuth créa les régiments de la légion étrangère, organisa la défense, et malgré des prodiges de valeur, Jellachich fut obligé de reculer. Longtemps il resta impassible devant le feu de l'ennemi : la mort n'en voulut pas. Il tomba dans une noire mélancolie, dont il ne put se guérir.

Sur le piédestal de sa statue on lit simplement ces mots : *Jellachich ban, 1848*.

Derrière la ville haute s'ouvre la jolie vallée de Tuskanar ; le chemin décrit un demi-cercle au milieu des bosquets et des fleurs ; çà et là, sur des collines riantes, s'égrènent de jolies maisons de campagne et de charmantes villas.

A la porte de la ville, Agram a encore son Bois de Boulogne grandiose, avec des allées plantées de chênes séculaires, baignées d'ombrages, de belles pelouses émaillées de fleurs. On trouve au parc Massimir des cafés, des restaurants, des pavillons, des kiosques, des pièces d'eau ; puis c'est la forêt ombreuse, et, au bout de la forêt, un joli petit village croate d'où les enfants sortent en foule pour nous voir passer. Les femmes sont assises devant leur porte, avec leur robe blanche, leur petite veste et leur mouchoir rouge ; d'autres enfants gardent des oies ou de jolis petits cochons au museau rose ; une belle villa nous laisse entrevoir des rosiers couverts des plus belles roses ; nous traversons des enclos de vignes superbes, et nous visitons en passant une vieille église qui date de Mathias Corvin. Nous avons une vue splendide sur Agram, et nous découvrons tout le panorama de la vallée de la Save.

Les femmes croates portent un costume ravissant où la chemise tient le principal rôle. Mais quelle belle chemise, et quelles jolies broderies ! Puis une espèce de veste fourrée, d'une couleur claire, ornée de découpures en cuir et relevée de broderies formant des arabesques et des fleurs. Les jeunes filles portent de longues nattes garnies de rubans ; le lendemain de leur mariage, elles relèvent leurs nattes autour de deux baguettes servant à soutenir le foulard qui leur sert de coiffure. Un collier de corail et une paire de bottes, voilà le complément de la parure d'une croate.

Les hommes portent également une chemise aux manches bouffantes, serrée à la taille par une ceinture de cuir qui flotte sur le pantalon ; un gilet de drap bleu, brodé, dans le dos, de soutache jaune ou rouge ; de larges culottes de toile qui descendent jusqu'aux genoux et sur la botte ; un petit chapeau aux ailes étroites, orné de plumes, de miroirs et de galons. Un sac en tapisserie, appelé torba, formé de longs flocons de laine rouge et suspendu à une bretelle de cuir complète l'habillement. La torba remplace les poches absentes du pantalon.

Quel épanouissement de jeunesse dans ce pittoresque mélange ! Nous traversons plusieurs fois le marché ; les jeunes filles nous offrent des fraises et rient à gorge déployée. Nous leur envoyons un sourire et nous passons.

Toblach, dimanche, 29 mai.

Quel changement de climat et de température ! Mais aussi que de chemin nous avons parcouru depuis trois jours !

Nous ne sommes plus dans la Bosnie, dans la sauvage Herzégovine, nous sommes dans le gai et riant Tyrol ; mais brrr ! qu'il y fait froid !

Nous devions repasser à Fiume et nous traversons encore une contrée pittoresque. Près de Tonin il y a un immense viaduc d'où l'on aperçoit l'ouverture d'une profonde grotte ; à partir d'Ogulin la voie traverse plusieurs fois le cours de la Dobra ; elle est si resserrée qu'elle s'enfonce dans plusieurs tunnels ; elle atteint à Sleme sa plus grande altitude : 136 mètres. Nous sommes dans la grande Norvège. Le feuillage vert foncé du sapin se marie avec le feuillage plus clair des ormes et des hêtres ; nous planons sur les collines, les montagnes, les vallées : c'est grandiose et sauvage, sombre et mélancolique. A Litch nous sommes sur l'arête extrême du plateau du Karst ; nous quittons la Norvège pour arriver sur le littoral de la Méditerranée. Déjà nous apercevons le golfe de Quarnero, la mer et les îles ; le chemin de fer descend avec une rapidité vertigineuse : nous sommes à Fiume.

Nous couchons à Fiume, enchantés de revoir cette ville charmante, orgueil des Fiumans. Avec quel plaisir j'y séjournerais encore, si le démon des voyages ne nous poussait toujours en avant.

Nous partons pour Adelsberg, afin de visiter les grottes qui sont l'une des merveilles de l'Europe. Ces grottes naturelles, découvertes depuis l'année 1818, s'étendent à plusieurs kilomètres et présentent les aspects les plus variés. On ouvre les portes à dix heures, à l'arrivée des trains ; nous y trouvons déjà une trentaine de personnes, que l'on divise en deux groupes, et nous mettons au moins deux heures pour parcourir ces longues galeries.

Les grottes d'Adelsberg sont éclairées à la lumière électrique, et l'accès en est très facile. On y trouve des salles immenses remplies de stalagmites qui représentent les choses les plus diverses : pyramides, obélisques, pavillons, chaires à prêcher, cathédrale, cimetières. Toutes ces stalagmites prennent les formes les plus bizarres et les plus variées.

D'Adelsberg à Leybach nous sommes dans le Tyrol; et nous voyons défiler les plus charmants paysages. Ce sont de riants vallons, parsemés de jolis villages au milieu desquels se dresse le petit clocher tyrolien, à pointe aiguë, peint en vert ou en rouge. Nous arrivons à Leybach, ville de 30.000 habitants, capitale de la Carniole. Elle est bâtie sur les deux rives de la rivière; elle a de jolies promenades, plusieurs églises, un temple protestant, et de beaux quais qui bordent la Leybach.

Nous montons sur le Schlossberg, où un ancien château, converti aujourd'hui en prison, domine la ville. Nous avons une vue superbe. Il y a trois ans, un tremblement de terre a détruit une partie de la ville et renversé tous les clochers; aussi Laybach est-elle presque entièrement reconstruite à neuf, et tous les clochers sont en réparation.

Il pleuvait un peu ce matin quand nous avons quitté Leybach, et la pluie, surtout dans le Tyrol, gâte toujours le paysage, cependant il est si gracieux qu'au milieu d'une éclaircie on l'admirait encore. C'étaient toujours de fraîches vallées, des prairies verdoyantes, de charmants villages, des collines boisées; et, à l'horizon, les hautes montagnes des Dolomites couvertes de neige. Puis de jolis ruisseaux qui serpentent paisiblement dans la vallée et qui parfois se changent en torrents impétueux.

Nous déjeunons à Villach, et nous arrivons à Toblach à 5 heures du soir.

Toblach, situé au pied des Dolomites, est un charmant village bien connu des touristes, qui en font le centre de leurs excursions. Depuis quelques années on a élevé un spendide hôtel autour duquel sont groupés d'autres hôtels moins élégants, mais très confortables.

Nous comptions nous arrêter à Toblach, visiter Cortina, le lac Misurina, et faire quelques excursions aux pays des Dolomites ; mais quelle déception, en quittant le chemin de fer! Un vent violent nous fouette le visage et le froid nous pénètre de toute part ; le Grand Hôtel est fermé, et c'est en nous enveloppant dans nos maigres vêtements que nous nous précipitons à l'hôtel du Tyrol où nous trouvons un bon feu.

Nous avions complètement oublié, en revenant de la Bosnie, que nous avions laissé le soleil et l'été sur notre route, et que nous devions retrouver l'hiver dans le Tyrol. Oui, l'hiver, le froid, la pluie, le vent, la neige ; impossible de nous rendre à la vallée d'Ampezzo : nous y reviendrons plus tard.

Aujourd'hui dimanche, Fête de la Pentecôte, je vais entendre la messe au village, et quel n'est pas mon étonnement de voir une splendide cathédrale, et d'assister à un bel office, digne en tous points de l'édifice. Trois prêtres, pour ne pas dire trois prélats, étaient revêtus de superbes ornements brodés d'or, et à la tribune l'orgue nous faisait entendre ses plus beaux accords. Puis c'était un orchestre tenu par les artistes du village: violons, violoncelles, flûtes, et des chants dont bien des églises de France seraient jalouses.

J'étais ravie, émerveillée et touchée de la foi, de la piété, de la ferveur de toute cette population ; je ne pensais plus à la petite déception que j'avais eue hier, et j'étais heureuse d'être au milieu de ces bons villageois qui ont gardé la foi de leurs pères et pour lesquels nos fêtes religieuses sont encore de véritables fêtes.

Inspruck, lundi, 30 mai.

Nous quittions Toblach, hier vers deux heures, et nous prenions à Franzanfeste la belle ligne du Brenner qui relie le Nord et le Sud, Vienne à Milan, Rome à Berlin. C'est une des plus belles lignes de l'Europe, et une suite non interrompue de paysages grandioses ; aussi chacun se penche à la portière pour ne pas perdre de vue ce panorama splendide.

Inspruck, capitale du Tyrol, est certainement l'une des villes les mieux situées qu'il existe au monde. Placée au milieu des Alpes orientales et occidentales, sa position géographique est déjà exceptionnelle ; dominée de tous côtés par les pics des plus hautes montagnes, traversée par deux rivières qui descendent des glaciers, Inspruck jouit d'un climat délicieux ; c'est la flore du midi et la fraîcheur de la Suisse ; c'est le confort et l'élégance des grandes villes modernes avec le contraste pittoresque des paysans du Tyrol ; ce sont les modes de Paris et de Vienne s'alliant avec le chapeau tyrolien, la veste courte, ou, pour les femmes, la jupe plissée et le petit chapeau rond orné de longs rubans noirs.

Dans les rues c'est le même contraste : des voies droites et larges sont à côté de vieilles arcades décorées de fresques, et sous ces arcades de lourdes portes bardées de fer comme au Moyen-âge.

Le Tyrol tire son nom du château Tyrol, dont les belles ruines dominent Méran. Ce château était habité au Moyen-âge par les comtes de Méran et du Tyrol, et c'est au XIIe siècle qu'il faut chercher l'origine d'Inspruck. Le comte Berthold IV, qui résidait à Ambras, acheta du couvent de Wilten un vaste territoire, et fit construire le pont sur l'Inn, ce qui fit donner à ce pays le nom d'Inspruck, Pont sur l'Inn. Dans les premières années du XIIIe siècle, le comté de la vallée de l'Inn passa aux comtes de Méran et du Tyrol ; au siècle suivant le dernier des comtes de Méran étant mort sans héritier, sa fille, la belle Marguerite, vendit ses possessions à son cousin Rodolphe, duc d'Autriche, et le pays fut irrévocablement attaché à la famille des Habsbourgs. Aujourd'hui encore on peut dire que le Tyrol tout entier est dévoué à la famille impériale d'Autriche, et celle-ci peut compter sur la fidélité de ses Tyroliens.

Aujourd'hui, visite de la ville. Et d'abord la vieille ville, torse et irrégulière, mais tout empreinte des caractères d'un autre âge. En suivant les arcades, souvent décorées de fresques, on arrive à la longue et large rue Marie-Thérèse, et l'on passe sous l'arc de triomphe érigé par les habitants d'Inspruck en l'honneur du mariage de Léopold II avec l'Infante d'Espagne. Au milieu de la rue se dresse la colonne de Ste-Anne, en marbre rouge, et à l'horizon on aperçoit les hautes montagnes des Alpes, toutes couvertes de neige. Puis c'est le Palais de la Burg, et le bijou d'Inspruck, le petit toit d'or, qui doit son origine à l'empereur Maximilen qui le fit élever en l'an 1500, en l'honneur de son mariage.

Le Musée national, fondé par l'Empereur Ferdinand en 1842, renferme une belle collection d'objets d'art : des minéraux, des statues, des bas-reliefs, des armes, des sarcophages, des émaux, des objets d'or et d'argent et de belles peintures.

En sortant du Musée nous entrons dans l'église des franciscains où se trouve le fameux tombeau de Maximilien, surnommé le dernier des Chevaliers. De chaque côté du tombeau se trouve alignées vingt-huit statues colossales en bronze, qui représentent les ancêtres de l'Empereur ; quelques-unes sont assez grossières d'exécution; mais il y en a d'autres qui sont remarquables, et cette assemblée de rois et de reines, qui montent la garde autour du monument, produit un grand effet. L'Empereur Maximilien est représenté à genoux.

Les quatre faces sont revêtues de vingt-quatre bas-reliefs de marbre blanc qui retracent la vie du souverain. Ce sont de vrais tableaux de marbre, avec les costumes et les armures du temps ; toutes les têtes sont des portraits que les artistes consultent et qui ont une grande valeur historique. Le tombeau est entouré d'une grille de fer qui est un vrai bijou.

On monte par un petit escalier à la Chapelle d'argent, qui doit son nom à une Madone en argent et aux bas-reliefs en argent qui ornent l'autel. Cette chapelle renferme le tombeau de Fernand II et celui de sa femme, la belle Philippine Wesler. On y voit aussi quelques jolies statuettes de bronze, et un petit orgue en bois de cèdre, véritable œuvre d'art, présent de Jules II.

En face de la chapelle d'argent est le tombeau d'Andreas Hofer, érigé en 1834. Un bas-relief en marbre qui représente le serment du drapeau est un chef-d'œuvre. De chaque côté sont ses compagnons d'armes : Joseph Kliber et le capucin Hospinser.

Andreas Hofer, le héros tyrolien, naquit en 1765, près de Méran, et il tenait une auberge comme son père, lorsqu'il apprend que par le traité de Presbourg le Tyrol était arraché de l'Autriche et cédé à la Bavière. Il se rend aussitôt à Vienne, il a plusieurs entrevues avec l'Archiduc Jean, et il jure de rendre son pays à son Empereur et d'affranchir son sol natal. A partir de ce jour son cabaret devient le rendez-vous de tous ceux qui peuvent servir la cause sainte ; et le secret est si bien gardé, que pendant la nuit du 10 avril 1809 des feux sont allumés sur les montagnes et appellent les conjurés aux armes. Andreas Hofer, à la tête de 5000 hommes, attaque les Bavarois et les défait complètement. Le lendemain 15.000 paysans cernaient Inspruck, pénétraient dans la ville, et après quatre jours de combat le Tyrol était libre.

Mais une terrible épreuve était réservée au champion de la liberté. Le 6 juillet, l'Autriche vaincue à Wagram était contrainte d'abandonner le Tyrol ; Hofer refuse de le croire ; mais lorsqu'il voit l'armée autrichienne quitter Inspruck devant les troupes du Maréchal Lefebvre, il jure encore de vaincre ou de mourir.

Caché dans une gorge impénétrable, il faisait porter de vallée en vallée ses appels aux armes ; et lorsque l'avant-garde du Maréchal Lefebvre s'avança dans les gorges du Stiflis, et que le corps tout entier se fut engagé dans le défilé, on entendit ce cri dans la montagne : « Coupez tout ! » Un craquement terrible répond à ce signal : les rochers, les troncs d'arbres, sapés par les Tyroliens, s'ébranlent en même temps, et une avalanche de blocs de pierres s'abat sur les francs-saxons et les écrase.

De toutes les fissures des rochers sortent des combattants qui se précipitent sur l'ennemi au cri de Vive la patrie ! Vive la liberté ! Andreas Hofer, suivi par le capucin Holpinger qui tenait le crucifix à la main, semblait un être surnaturel, et le Tyrol était de nouveau reconquis.

Ce dernier triomphe fut l'objet d'une manifestation indescriptible. On se presse sous les pas de son cheval ; mais lui, d'un geste calme et fier et d'une voix impérieuse parle à cette foule qui l'acclame : « Ne criez pas, dit-il, priez. Il descend de cheval devant l'église des franciscains, et répète encore : « Celui qui a sauvé le pays, ce n'est pas moi, c'est Dieu. »

Le triomphe d'Andreas Hofer ne devait pas être

de longue durée. A peine est-il nommé Dictateur que le traité de Vienne force de nouveau l'Autriche à abandonner le Tyrol. Hélas ! pourquoi faut il que nos jours de gloire soient mêlés à la fin tragique de tant de courage et de tant de patriotisme?. Hofer ne peut croire à cet abandon, il essaie de continuer la lutte, mais ses soldats se découragent, et il reste seul. Sa tête est mise à prix, et il se trouve un misérable qui trahit la retraite où il s'était retiré avec sa famille. Les soldats français s'emparent de lui, et il est traîné d'étape en étape à Mantoue où il est condamné à mort.

Quand Hofer se rendit devant le peloton d'exécution il aperçut quelques frères d'armes : il étendit les mains et les bénit. Puis il refusa de se laisser bander les yeux, se plaça lui-même devant le peloton d'exécution et commanda le feu.

Ce fut en 1824 que ses restes furent exhumés et transportés en grande pompe à Inspruck. De tout côtés les députations affluèrent pour accompagner Andreas Hofer ; douze aubergistes portaient le cercueil orné du chapeau, de l'épée et des décorations, de l'illustre patriote. L'Empereur avait conféré à sa famille des lettres de noblesse.

Vis-à-vis l'église des franciscains est le Palais de la Holburg ; la chapelle du château est la propre chambre mortuaire de François Ier, époux de Marie-Thérèse. Un très beau jardin est ouvert au public.

Et maintenant nous repassons sous l'arc-de-triomphe et nous arrivons à l'abbaye de Wilten. Dans l'église du couvent on voit une grille en fer forgé d'une délicatesse inouïe. Deux colosses se

tiennent de chaque côté du porche, ce sont les portraits authentiques, à ce que l'on dit, des deux géants Haimon et Thyrsus. Ici il y a une légende :
On raconte qu'Haimon, furieux d'avoir trouvé aussi haut que lui, supprima son rival en l'assommant. Pour expier son crime il fonda, au IXe siècle le monastère de Welten.

Quelques pas encore, et l'on arrive au pied du Berg-Isel. C'est le lieu favori des étrangers et des habitants d'Inspruck. Le samedi soir la musique militaire se fait entendre à six heures, et les oreilles sont charmées pendant que les yeux se reposent sur ce gracieux panorama.

En quittant le Berg-Isel on suit la route à droite et l'on s'arrête un instant devant la chute de la Sill. Les rochers, la verdure, la rivière qui bouillonne, la cascade qui fait voler au loin sa fine poussière, font de cet endroit poétique un tableau charmant. Puis on laisse la route et l'on s'enfonce dans la forêt. On arrive à un vaste enclos, où sous un dôme de verdure reposent sept à huit mille soldats, tyroliens et étrangers, enterrés là de 1797 à 1809.

Cet enclos est devenu un sanctuaire. Ce champ sacré perdu dans les bois, la solitude, le silence qui l'enveloppent ; ces tombes rustiques, ces inscriptions, ces lampes funéraires ; ces pèlerins qui se succèdent, tête découverte, le chapelet à la main ; tout pénètre l'âme d'une émotion poignante. Là, Français, Bavarois, Tyroliens sont couchés côte à côte : la mort les a réunis....

Enfin l'on arrive, au bout de dix minutes, au célèbre château d'Ambras. De la terrasse la vue est splendide. Bien que la plupart des choses merveilleuses que l'on venait y admirer aient été transportées à Vienne, le château renferme encore deux galeries d'armures très intéressantes. La salle espagnole, longue de 43 mètres, est ornée de boiseries, de peintures et de portes incrustées ; la chapelle est un bijou d'architecture ; enfin des meubles anciens et des vieux portraits, parmi lesquels la belle Philippine Wesler.

Philippine, fille d'un riche bourgeois d'Augsbourg, passait pour être la plus belle de son temps. Ses yeux bleus étaient d'une douceur incomparable ; sa chevelure blond doré relevait l'éclat de son teint ; et sa peau était si fine, si transparente, que, d'après la chronique l'on voyait couler le vin rouge du pays à travers sa gorge diaphane.

Ferdinand l'épousa secrètement, ce qui donna le jour à plusieurs légendes ; mais la vérité est que l'Empereur pardonna ce mariage à son fils, à la condition que les enfants ne jouiraient pas des privilèges des Archiducs d'Autriche. Dans ce magnifique château d'Ambras, Philippine brillait au milieu d'une cour d'écrivains et d'artistes dont elle avait su s'entourer, et sa mémoire y est restée attachée.

Inspruck, mercredi, 1er juin.

Il y a tant d'excursions à faire dans le Tyrol que l'on ne sait par où commencer et l'embarras est grand. Et partout les légendes se mêlent à l'histoire et viennent embellir et donner du relief au paysage. Or je dois dire que j'ai toujours eu un faible pour l'histoire, j'aime aussi les légendes avec passion, et partout où je trouve une légende je vois un nouvel attrait. J'ai retenu celle-ci.

D'Inspruck à Zul on parvient à la grotte de la Martinswand, à 260 mètres au-dessus de l'Inn. Le mur de St-Martin est devenu célèbre par l'aventure de l'Empereur Maximilien, et voici ce que l'on raconte.

Il y a de cela trois cents ans, cet intrépide chasseur poursuivait un chamois. Dans son ardeur il escalade un pic et tombe sur un rebord où nul n'avait mis le pied avant lui. Au-dessus de sa tête surplombait un bloc de mille pieds d'élévation; au-dessous de la corniche s'ouvrait un abîme d'égale profondeur. Tous ses serviteurs et la population rassemblée le voyaient bien, mais personne ne songeait à escalader le mur de St-Martin. Maximilien resta deux jours dans cette situation désespérée. Enfin, après quarante-huit heures d'épuisement et d'angoisses, jugeant que sa dernière heure était venue, il ramassa toutes ses forces pour crier d'aller chercher un prêtre qui pût lui donner l'absolution. Le curé de Zul arrive avec le Saint Sacrement, il montre l'hostie au mourant, lui envoie l'absolution et se retire.

A ce moment apparait sur le pan de la muraille un jeune homme d'une beauté surprenante, il court comme la brise sur les escarpements de la roche, et en un instant il est auprès de l'Empereur, le soutient dans ses bras, et le conduit jusqu'à la foulé émerveillée. Puis le sauveur disparaît et oncques plus on ne l'a revu.

Et encore, voyez-vous cette roche qui vous représente, avec un peu de bonne volonté, une femme assise portant un enfant ? C'est la Fran-Hut. Or Madame Hut n'a pas toujours été de pierre, c'était jadis une puissante souveraine qui tenait sous sa dépendance toute la vallée de l'Inn. La princesse enflée d'orgueil, se laissa aller aux plus folles extravagances, et l'on dit qu'elle ordonna à ses sujets de lui construire, de la plaine à sa résidence, tout un escalier en fromages.! !

Un soir que, dans sa vaine suffisance, elle contemplait toute l'étendue de ses domaines, et trônait là-haut avec son enfant, elle vit apparaître une pauvre femme, qui elle aussi avait un enfant dans les bras. «— Un petit sou, s'il vous plaît, dit la mendiante, et que Dieu vous le rende. — Je n'ai pas besoin que Dieu me le rende, et je n'ai que faire de ses dons, répondit l'orgueilleuse princesse. — Alors un petit morceau de pain pour mon enfant, parce qu'il a grand faim. — Le pain, je le jette à mes chiens ; pour toi si tu as faim, mange des pierres. » A ces mots sa langue se paralyse, son regard se fixe, ses pieds sont rivés au sol, et tout son corps n'est plus qu'une roche : c'est la Fran-Hut.

Puis, c'est l'ancien château de Buchtenhausen, dont la construction originale a son histoire et sa légende. Après bien des vicissitudes, Buchtenhausen devint, au XVIIe siècle, le séjour favori du Chevalier Brener. C'est ici qu'il tomba victime d'une conspiration du parti italien, et la tradition veut que la femme du Chevalier, devenue folle de douleur, se soit précipitée du haut des rochers qui dominent le château. Depuis lors elle se permet de hanter son ancienne demeure ; si bien que l'un des derniers propriétaires, fatigué de ses visites nocturnes, recourt à un Père capucin et le prie de venir conjurer le mauvais esprit. Le Père consent, mais à la condition que le plaignant veillera sur lui et répétera toutes ses paroles. Bref, par une nuit sombre, voici nos deux hommes en faction. Au coup de minuit un fantôme se glisse dans le corridor et s'approche du capucin : « Que fais-tu, saint homme ? lui dit-il. — Saint homme, dit le religieux, je ne le suis pas encore, mais, avec la grâce de Dieu, j'espère le devenir. — Et toi, triple bourrique, que cherches-tu ? dit le spectre au propriétaire. — Hélas, je ne le suis pas encore, mais j'espère le devenir. — Imbécile, sois-le donc tout de suite! »

A quelques kilomètres nous trouvons Riem, et nous apercevons sur la hauteur la chapelle blanche de St-Romédius. Il était Comte, et maître de Thauer, sa vie se passait en pèlerinages, et partout il répandait ses aumônes, ses bons conseils et l'exemple de ses vertus. Or, un soir, un ours descendu de la montagne dévora son cheval. Romédius prit sa valise, la plaça sur l'ours et lui enjoignit de remplacer son cheval. Et l'animal obéit et ne quitta plus son nouveau maître.

Si le touriste veut connaître le Tyrol il doit faire beaucoup de courses à pied. C'est seulement en suivant ces sentiers agrestes que l'on se fait une idée de ce pays riant et enchanteur. A chaque instant on s'arrête, on se retourne, on est ravi, émerveillé ; ici, l'œil plonge dans une cavité dans laquelle bouillonne la rivière de l'Inn ; là, mille escarpements boisés, le chemin de fer, les tunnels, le Brenner, amènent une perspective imprévue. Et puis, ce sont de coquets villages où l'on trouve toujours une auberge propre, du linge blanc et des figures accortes qui vous reçoivent gracieusement. Au milieu du village le petit clocher jette sa note aiguë et ramène au sentiment religieux.

J'étais, à la nuit tombante, sur le balcon de l'un de ces petits chalets, et je rêvais. Noyés dans le crépuscule, les arbres et les rochers avaient pris des formes indécises ; les brouillards du soir s'étaient étendus sur les vallées ; j'entendais le tintement lointain des sonnettes des troupeaux errant dans les bois. Bientôt une vapeur bleue couvrit d'un voile plus épais ce tableau plein de poésie, et tout à coup les cîmes des glaciers se colorèrent des derniers rayons du soleil couchant. Une ligne de feu sembla courir de sommet en sommet ; puis elle roula comme une lave ardente sur le flanc des montagnes. Ce fut un éblouissement.

Toute la ligne de l'Arlberg, jusqu'à Landeck, est un centre d'excursions. C'est de Telfs ou d'Imst que l'on se rend aux châteaux du roi de Bavière ; j'y reviendrai un jour.

En attendant nous partons en chemin de fer pour Jembach et le lac Achensée. Nous laissons Schwitz à droite et nous suivons un sentier qui nous conduit à l'abbaye de Fietch. La montée est douce et ombrée. A mesure que l'on s'élève, le rideau des bois s'écarte et laisse admirer le panorama. Au bout d'une heure on arrive, presque à l'improviste, au pied du mont St-Georges. Le coup d'œil est impossible à rendre. A trois mille pieds au-dessus du niveau de la mer un rocher est entièrement détaché de la montagne, et n'est relié à la terre que par un pont jeté au-dessus de l'abîme.

A la base du rocher un torrent se précipite avec fracas ; on traverse la passerelle, et par un petit sentier on arrive à la plateforme du rocher. Là se trouvent une chapelle et une hôtellerie où l'on se repose. Les fenêtres de l'hôtel dominent le ravin à une hauteur vertigineuse.

On repasse le grand pont et l'on continue sa route jusqu'au manoir de Tratzberg. Ce château a, dit-on, autant de fenêtres qu'il y a de jours dans l'année. Il contient des armures, des meubles anciens et des peintures murales.

Il va sans dire que ce château a aussi sa légende :

Un chevalier qui l'habitait jadis fut frappé de mort à cause de son impiété, et son âme fut emportée par le diable. Depuis, cette âme errante met régulièrement le feu aux bois qui entourent le château, et dernièrement, en 1888, un incendie détruisait encore les superbes futaies qui faisaient l'orgueil du propriétaire. La légende n'a pas cessé de devenir une réalité pour les crédules montagnards.

De Jenbach un chemin de fer à crémaillère conduit au lac Achensée. Là où s'étend le lac se trouvait autrefois un grand village, au milieu de champs plantureux ; mais la richesse gâta les villageois, et la corruption s'en suivit. Un certain dimanche à l'heure de la messe, ils se réunirent pour boire et jouer aux dés pendant que le prêtre célébrait les saints offices ; or, le dimanche suivant, l'eau sortit de terre, engloutit les maisons et les habitants, et par les nuits calmes on entend encore les cloches sonner tristement et appeler à la prière les habitants du village disparu.

L'Achensée est situé à trois mille pieds au-dessus du niveau de la mer. Il est encadré de massifs escarpés qui l'enserrent et descendent à pic dans ses eaux. Un bateau à vapeur nous conduit à l'extrémité du lac qui a neuf kilomètres de longueur. On débarque à la Scholastica, à l'hôtel du Lac, et l'on entend ces ravissantes tyroliennes exécutées par les artistes du cru, qui parcourent le monde en hiver, et reviennent en été faire retentir de leurs iodels les échos du lac.

Ce matin nous retournons à la station de Zambach, et nous prenons des voitures pour le Zillerthal. Cette belle vallée a sept lieues de longueur ; deux massifs de montagnes lui font l'entrée la plus majestueuse. A mesure que l'on avance le val devient plus gracieux, la Ziller le parcourt, en faisant mille circuits. On traverse plusieurs villages, et quelquefois je m'arrête pour visiter l'église, qui est toujours d'une richesse surprenante. Et tous ces villages semblent se toucher, et, partout, la flèche s'élève, droite et élancée, semblant indiquer le chemin au voyageur.

Zell, qui est le chef-lieu du Zillerthal, est en même

temps le conservatoire des guitaristes, citharistes et chanteurs qui parcourent le monde. C'est là qu'ils naissent et grandissent, avec leurs chapeaux pointus ornés de la plume traditionnelle, leurs bretelles vertes, leurs instruments en bandoulière, et le gosier plein de ces jolis iodels qu'ils apprennent dès qu'ils commencent à balbutier. Tous les soirs les cabarets retentissent des tyroliennes les plus authentiques, auxquelles succèdent les danses nationales qui finissent en des tourbillons effrénés, entremêlés de coups de gosier retentissants. On est entraîné malgré soi; on écoute, et bientôt on partage la gaieté et l'animation générales, et l'on s'oublie à écouter encore ce peuple si naïf, si bon enfant et si heureux.

Le quartier général des excursions est à Mairhofem, c'est le point culminant du Zillerthal. Nous nous engageons dans une gorge profonde qui ne le cède en rien à la Via mala, et nous arrivons à Sterzing qui est la station du chemin de fer du Brenner. Nous rentrons à Inspruck en traversant les jolies stations de Brenner, de Griès, de Steinach. Tout à coup le train s'enfonce dans le flanc de la montagne pour s'élever ensuite jusqu'à la hauteur des glaciers.

Demain je pars pour Zurich, et je donne rendez-vous à tous mes amis pour faire avec moi un petit tour en Suisse.

Zurich, dimanche, 31 juillet 1898.

Cette fois, c'est en famille que je vais parcourir une partie de la Suisse, et j'en suis tout heureuse. Nous avons choisi l'Engadine qui est moins connue que l'Oberland et moins banale, quoique toutes les parties de la Suisse aient leur genre de beauté et de grandeur.

C'est à Zurich que nous nous donnons rendez-vous. Zurich, ville de 130.000 habitants, est certainement la plus belle ville de la Suisse : c'est la plus riche, la plus commerçante, la plus industrielle ; son lac est enchanteur. Sur les deux rives s'élèvent doucement de charmantes collines parsemées de villages et de blanches villas ; de gracieux clochers émergent de la verdure ; les arbres fruitiers sont couverts de fruits. Plus on se rapproche, plus les bords sont fleuris ; d'élégants hôtels invitent les étrangers à s'arrêter à Zurich ; les barques et les bateaux à vapeur sillonnent le lac ; et au loin la longue chaîne des Alpes nous promet les plus grandes attractions.

Nous commençons nos excursions par le pèlerinage de N.-D. d'Einsiedeln, (N.-D. des Ermites), pèlerinage aussi fréquenté que Lourdes ou Lorette, et qui attire tous les ans 150.000 pèlerins. La principale fête est le 14 septembre.

La fondation d'Einsiedeln est attribuée au Comte Meinrad, de l'ancienne famille des comtes de Hohenzollern. Meinrad était né l'an 797 au château de ses ancêtres ; il fut élevé au couvent des bénédictins de Reichenau, et quand il eut l'âge il en prit l'habit. Mais la vie austère des bénédictins ne fut pas assez austère pour Meinrad qui souhaitait une retraite absolue. Il s'enfonça dans la forêt, au lieu où s'élève maintenant le monastère d'Einsiedeln, et construisit une chapelle pour y déposer une image miraculeuse de la Sainte Vierge qui lui fut donnée par Sainte Hildegarde, abbesse de Zurich, fille de Louis le Débonnaire. Le saint ermite vécut de longues années dans la forêt ; après sa mort, le Pape Benoit le mit au rang des martyrs.

Ce fut en 934 que l'on commença la construction de l'église et du couvent. C'est aujourd'hui le couvent le plus riche et le plus considérable de la Suisse ; il est habité par une cinquantaine de religieux bénédictins ; l'abbé porte la mitre et on l'appelle encore dans le pays le Prince d'Einsiedeln.

La ville, qui compte 8.500 habitants, est composée en grande partie d'auberges pour les pèlerins et de magasins d'objets de piété. Une longue rue part de la gare et aboutit à une belle place ornée d'une fontaine en marbre noir, sur laquelle il y a une image de la Vierge ; la fontaine a quatorze tuyaux d'où sort une belle eau claire et limpide que les pèlerins boivent avec dévotion.

La place est elliptique comme St-Pierre de Rome, et sous les arcades se trouvent des boutiques de chapelets, de médailles et d'objets religieux. Le couvent s'élève au-dessus d'un immense escalier ; au milieu l'église fait saillie sur le devant, elle est flanquée de deux hautes tours.

L'intérieur est d'une grande richesse, le nouveau pavé qui date de 1884 est une splendide mosaïque, les autels sont de marbres précieux, la voûte est revêtue de magnifiques peintures ; le grand lustre est un présent de l'Empereur Napoléon III en 1865. L'autel du grand chœur est orné d'un tabernacle d'ébène, chef-d'œuvre de sculpture, donné par Ferdinand de Bavière, les stalles et les boiseries sont remarquables.

La grille est du XVIIe siècle ; elle a coûté onze années de travail : c'est une merveille.

Au milieu de l'église, la sainte chapelle est bâtie sur l'emplacement qu'avait occupé la cellule de saint Meinrad. Elle est en marbre noir ; la statue miraculeuse de la Vierge est au-dessus de l'autel, couverte de bijoux et de pierreries, dons des pèlerins.

Nous entendons la messe à Einsiedeln ; c'était un simple dimanche, l'église était déjà remplie ; puis nous partons pour Dachsen et nous nous rendons au château de Laufen pour contempler une des merveilles de la nature : la chute du Rhin. On la voit d'abord du balcon du château ; puis d'un pavillon en verres de couleurs qui donnent aux eaux les teintes les plus variées ; on descend ensuite au pied de la chute par un petit sentier bien ombragé d'où l'on a plusieurs points de vue, d'abord sur une terrasse, puis dans une grotte qui nous fait pénétrer jusqu'à la chute ; et enfin, tout à fait en bas, d'un petit pont en bois sur lequel on ne s'avance que muni d'un bon caoutchouc.

Nous traversons le fleuve pour aboutir sur l'autre rive au château de Wœrth, où l'on contemple la chute sous une autre face ; elle nous apparaît alors dans toute sa majesté. Le soir, une illumination par l'électricité en fait un magnifique spectacle.

Thusis, lundi 1er août.

Nous quittons Zurich en longeant le beau lac qui s'étend en longueur sur 40 kilomètres, et nous atteignons à Wessen le joli lac de Wallenstadt, encaissé entre des montagnes escarpées et arides. Nous sommes à Ragatz, petite ville de 2.000 habitants, qui a une station balnéaire importante, et qui est pour les touristes un centre d'excursions intéressantes. C'est un des endroits les plus fréquentés de la Suisse.

Nous prenons bien vite une voiture pour visiter les gorges de la Tamina et les bains de Plœffers. La route passe entre des rochers à pic qui semblent se toucher ; les gorges de la Tamina sont belles, mais il est nécessaire de se munir d'un parapluie et un caoutchouc ne serait pas inutile pour se préserver des petites avalanches qui vous arrosent sans pitié.

En revenant de Ploffers je prends le funiculaire, qui me conduit en quinze minutes à l'hôtel Wartinstein, d'où l'on a une belle vue sur la vallée du Rhin.

De Ragatz à Coire, il faut une demi-heure. Coire, ville de 10,000 habitants, est le chef-lieu des Grisons et le siège d'un Evêché depuis le IVe siècle.

Anciennement la voie ferrée s'arrêtait à Coire, et

c'est de cette ville que se dirigeaient les principales excursions.

Aujourd'hui la voie se prolonge jusqu'à Thusis, fermée par une chaîne de montagnes où s'ouvrent seulement deux routes carrossables : la Via Mala qui conduit à Chiavenna et aux lacs italiens, et la route du Schyn qui nous amène dans le Tyrol par le col de Julier ou le col d'Albula.

La situation de Thusis est des plus pittoresques : c'est encore un autre bout de la terre où l'on se croit perdu dans un autre monde. Le Rhin, qui prend sa source près de Thusis, se grossit des eaux de la Nolla ; la vallée semble encaissée de toutes parts ; et sur l'autre rive, au sommet d'un rocher, se dressent les ruines du château de Haute Rhétie, le plus ancien des manoirs d'Helvétie.

La Via Mala est tellement connue qu'il est inutile d'en donner la description ; elle a été commencée en 1822. Le défilé est si étroit qu'on la traverse sous plusieurs tunnels : tout-à-coup l'on se trouve plongé dans l'obscurité la plus complète, puis on revoit la lumière et la voiture s'arrête pour vous permettre de plonger vos regards dans le gouffre.

Nous traversons le Rhin sur trois ponts ; la gorge se resserre de plus en plus ; au troisième pont les murailles de granit sont presque perpendiculaires, et tout au fond le Rhin bouillonne à cent pieds de profondeur.

Là se termine la Via Mala.

Nous venons de nous décider à entreprendre une grande excursion. C'est un voyage de six jours en voiture, à travers les plus hauts sommets de l'Engadine. Nous avons un bon landau, deux bons chevaux, un cocher qui parle un peu d'italien; d'ailleurs nous ne sommes pas seuls pour cette longue excursion car nous voyons circuler à chaque instant de nombreux équipages à deux et à quatre chevaux. C'est un mouvement incroyable dans cette petite ville de Thusis : on part, on arrive, les hôtels débordent ; en route.

Méran, dimanche 7 août.

La route du Schyn date seulement de 1869 ; elle ne le cède guère en beauté sauvage à la Via Mala. Nous traversons le défilé par des galeries et des tunnels ; puis l'on passe sur l'autre rive par le pont de Solis, dont une seule arche est jetée sur la profonde gorge de l'Albula. La voiture s'arrête, et pendant que nous contemplons cette élévation prodigieuse, un individu qui attend les voyageurs laisse tomber une grosse pierre qui produit le bruit du tonnerre.

On déjeune à Tiefenkasten. C'est ici que se séparent les deux routes qui conduisent à Pontrésina, l'une par le col de Julier, l'autre par celui de l'Albula ; nous avons choisi l'Albula, plus pittoresque, dit-on, et plus sauvage. Ce sont des gorges étroites et profondes aux parois à pic.

On arrive à Brégüms : puis la route monte doucement dans une belle vallée boisée, elle fait un nouveau circuit, et s'engage dans une contrée sauvage et couverte d'éboulis et de rochers : c'est la vallée du Diable. Nous sommes au col de l'Albula, à 2,315 mètres d'altitude, et nous couchons à l'Hospice, au pied des Giumels, qui dressent leurs pics aigus à 2.800 mètres. Tout près de nous l'Albula prend sa source et sort des rochers pour se grossir de tous les torrents qui descendent des montagnes. La route continue quelque temps sur le sommet des plateaux, elle descend ensuite, par de nombreux lacets, à la jolie petite ville de Ponte. De Ponte nous allons à Samaden, ville importante de la Haute-Engadine, et nous faisons un petit détour pour passer à St-Moritz où nous déjeunons.

St-Moritz, le village le plus élevé de l'Engadine, est à 1856 mètres d'altitude. Nous nous en apercevons, car il fait très froid et le vent nous fouette le visage. C'est le rendez-vous d'un grand nombre d'étrangers ; les dames se promènent avec des toilettes élégantes, et il paraît qu'en hiver beaucoup d'Anglais et d'Américains viennent y patiner sur le lac et faire des courses en traîneaux.

Les eaux minérales de St-Moritz sortent du pic Rosatch, elles sont très riches en acide carbonique et en sels alcalins. C'est une charmante station où l'on trouve une église catholique, un casino, des salles de concert, des cafés-restaurants, de superbes hôtels, et de jolies barques pour se promener sur le lac.

Nous repassons par Célérina et Samaden pour arriver le soir à Pontrésina où nous devons nous arrêter.

Pontrésina n'est qu'un grand village de 500 habitants qui s'étend à plus d'un kilomètre sur la rive droite du torrent de Bernina. C'est un lieu de passage pour les étrangers qui se rendent à la Majola, à St-Moritz, au col de Bernina, aussi les nombreux hôtels sont souvent au complet.

Nous prenons une voiture pour nous rendre au glacier de Morteratsch ; la route passe sous la cascade de Languard, elle traverse le torrent du Bernina, et nous arrivons au pied du glacier. Nous prenons un guide qui nous conduit à la grotte artificielle et à la Chunetta, d'où l'on a une vue grandiose du glacier et des pics qui l'entourent. Le lendemain nous nous dirigeons vers les glaciers du Roseg ; la vue est plus belle encore, et l'on aperçoit distinctement les chamois qui paissent à une grande hauteur sur le versant du pic Misaum.

En partant de Pontrésina nous suivons quelques instants la route qui mène au glacier de Morteratsch, et à mesure que l'on s'élève la vue s'étend sur le glacier que domine le pic Palu, éblouissant de blancheur. Nous laissons à droite le sentier qui conduit à la Diavolezza, et nous montons lentement jusqu'au col. La végétation arborescente disparaît complètement. Nous trouvons plusieurs petits lacs : le lac Minore, le lac blanc et le lac noir ; nous sommes à l'hospice du Bernina, à 2.300 mètres d'altitude, le col lui-même est à quelques minutes de l'Hospice, à 2.330 mètres.

Nous passons la nuit en face des glaciers ; puis on descend rapidement pendant une heure en passant à la Motta. La route contourne des lacets effrayants, des précipices sans fond où le regard se perd, et l'on détourne les yeux pour ne pas les apercevoir. Les montagnes du Bernina m'ont rappelé le Monténégro.

Nous nous arrêtons à Poschiavo, et nous visitons une église du xv⁰ siècle qui a de belles boiseries. Nous avons quitté la neige et les glaciers pour entrer dans une région méridionale où nous retrouvons les arbres fruitiers, les figuiers, les abricotiers ; tous les jardins sont en fleurs : c'est un véritable changement à vue ; on ne se douterait pas que la neige est si près. La route traverse le Poschiavino, et nous roulons sur une jolie plaine pour arriver à La Prese où nous avons seulement 900 mètres d'altitude. C'est encore une station balnéaire dans une position délicieuse ; un beau jardin entoure l'hôtel, et de jolies barques sollicitent les visiteurs pour faire une promenade sur le lac.

De La Prese à Tirano, quatrième jour de voyage, nous descendons par une forte pente dans une gorge où coule le Poschavino qui nous accompagne jusqu'à Brusio. Bientôt nous quittons la Suisse pour entrer sur la frontière de l'Italie et nous passons la douane à Tirano. On déjeune à Bolladore, et l'on arrive à la vallée de Bormio, pour remonter aux Nouveaux bains, d'où l'on a une vue magnifique sur la vallée.

Nous en sommes à notre cinquième jour de voyage, et j'avoue que je l'attendais avec impatience. J'avais entendu parler si souvent du col de Stelvio, de ses superbes montagnes couvertes de glaces et de neiges éternelles, qu'il me tardait d'y arriver et de les voir de mes yeux. Je dois dire aujourd'hui que la réalité a encore surpassé l'attente.

Cette fois la route atteint le col de Santa-Maria à 2.485 mètres, puis elle s'élève jusqu'au col de Stelvio à 2.814 mètres. Un obélisque indique la frontière de la Suisse, de l'Italie et de l'Autriche. Nous sommes sur le col le plus élevé de l'Europe ; de tous côtés nous n'apercevons que des glaciers et des pics d'une blancheur immaculée ; nous marchons sur la neige, nous la touchons ; elle est à droite, à gauche, devant nous, derrière nous ; nous ne pouvons nous en rassasier ; et c'est à regret que nous passons sur l'autre versant où nos yeux plongent sur un abîme effroyable. D'innombrables lacets se déroulent devant nous, et descendent, ou plutôt dégringolent la montagne ; à nos pieds, c'est le vide béant. Cette fois, c'est bien du vertige ; c'est la beauté et toute son horreur. J'admire et je suis saisie d'effroi ; je suis en extase devant ce tableau, et je recule de terreur ; je ferme les yeux et je voudrais les ouvrir davantage. Il y a vraiment des sensations qui ne peuvent s'exprimer.

Nous sommes à Franzanshœhe, station de la douane autrichienne, les glaciers de Maldatsch et du Stelvio sont suspendus au-dessus de nos têtes ; je commence à respirer plus librement, et je les contemple encore jusqu'à Trafoï, petit village situé au pied du mont Ortler, dans une position incomparable.

De Trafoï à Spondini il n'y a qu'un pas, et nous arrivons à Méran, ravis et enthousiasmés de notre magnifique traversée.

Méran est un bijou dans le Tyrol. Ce ne sont plus les montagnes agrestes et sauvages de la Suisse ; c'est un panorama délicieux, plein de grâce et de fraîcheur, qui repose des âpres émotions que nous venons de ressentir. C'est le monde civilisé que nous retrouvons avec ses chemins de fer, ses voies de communications, et ses habitants remplis d'entrain et de gaîté. Avec quelle joie j'ai retrouvé mes bons tyroliens, avec leur petite veste, leurs culottes courtes, leurs bretelles vertes, et leur physionomie franche et ouverte.

Une promenade superbe, plantée d'arbres et parsemée de pelouses et de fleurs, s'étale sur chaque rive du fleuve qui est traversé par plusieurs ponts de fer. On arrive à un dernier pont de pierre, dont l'arche unique s'élève à une hauteur considérable, et tout au fond un énorme rocher barre le passage; le fleuve bouillonne et se précipite par une étroite ouverture en creusant le roc qui l'enserre. On suit un joli sentier qui s'élève sur la colline, d'où l'on a une vue spendide sur Méran et les montagnes du Tyrol.

De Méran à Botzen nous rentrons dans le Tyrol, et je me décide à aller assister à la représentation de la Passion qui a lieu à Selzach, près de Soleure, et qui doit me rappeler les belles représentations d'Ober-Ammergau.

Selzach, dimanche, 14 août.

C'est mercredi soir que je suis venue, seule, coucher à Olten, jolie petite ville de 5,000 habitants, bâtie sur les deux rives de l'Aar. Olten est le point de raccordement des principaux chemins de fer de la Suisse : Berne, Neufchâtel, Lucerne, Bâle, Zurich; la gare est importante.

D'Olten à Soleure il n'y a qu'une heure de distance. C'est une ville de 8.000 habitants, propre, coquette ; il est dommage qu'elle ne soit pas visitée davantage, et qu'elle ne possède pas quelque grande attraction pour attirer les étrangers.

Soleure est le siège de l'Evêché de Bâle. La cathédrale St-Ours est un joli monument de la Renaissance avec coupole. On y monte par un escalier de trente-six marches.

L'arsenal est, dit-on, l'un des plus remarquables de l'Europe ; il contient des armes et des armures anciennes très curieuses. Soleure a encore un musée d'histoire naturelle, un musée de peinture, une bibliothèque. L'Hôtel de ville a une salle curieuse dite salle de pierre ; la Tour de l'Horloge, qui date de l'an 900, a une horloge automatique comme celle de Berne. La porte de Bienne et la porte de Bâle sont des restes des anciennes fortifications de la ville. On y voit aussi plusieurs fontaines monumentales et la maison où est mort Kosciusko, en 1817.

On peut faire, de Soleure, une excursion très intéressante au Weisseintein, qui est une des plus hautes montagnes de la Suisse. Je me suis contentée d'une charmante promenade à l'ermitage de Ste-Véréne, en suivant une gorge fraîche et boisée, arrosée par un petit ruisseau que l'on traverse sur plusieurs ponts rustiques. A l'extrémité de la gorge se trouve l'ermitage habité par un ermite, et plusieurs petites chapelles creusées dans le rocher.

Selzach est la première station sur la route de

Bienne. C'est un habitant de ce petit village, M. Schœfli, qui a eu l'idée, il y a quelques années, de faire donner à Selzach des représentations de la Passion à l'instar de celles d'Ober-Ammergan. D'abord elles ont été modestes; puis les habitants s'étant exercés et ayant pris goût à ces représentations, il est allé lui-même, avec quelques-uns des plus importants, étudier sur place le jeu des acteurs, et il a pleinement réussi. La scène doit commencer à onze heures et je l'attends avec impatience.

Tout d'abord, je dois dire que Selzach, qui est un charmant village, n'a pas le caractère poétique et religieux d'Ober-Ammergan; les habitants, qui sont tous cultivateurs, ne me semblent pas artistes, et je ne vois pas sur leurs figures les types du Christ et de ses Apôtres. Cependant ils doivent aimer la musique, car les deux enfants de mon hôtelier, un petit garçon de douze ans, et une petite fille qui n'en a que dix, jouent déjà du piano avec assez de goût pour leur âge. Tous les deux sont acteurs et se préparent pour leurs rôles. Attendons.

. . . .

Eh bien, je dois avouer que le succès a encore dépassé l'attente, et je reviens ravie et impressionnée de cet émouvant spectacle. Ce n'est pas que la Passion de Selzach puisse égaler celle d'Ober-Ammergan. Le théâtre est plus petit, et il y manque la belle perspective des montagnes qui font un cadre si grandiose à la scène. Celui de Selzach est une baraque de planches qui peut contenir 1200 personnes : toutes les places sont couvertes.

La représentation se divise en deux parties : celle du matin nous donne des tableaux vivants de l'Ancien et du Nouveau Testament qui sont fort bien rendus. J'ai remarqué surtout : Joseph vendu par ses frères ; Moïse sauvé des eaux ; La manne au désert. Puis, dans le Nouveau Testament : La salutation angélique ; L'adoration des bergers ; La fuite en Egypte, et L'entrée du Christ à Jérusalem.

C'est à deux heures que l'on reprend la représentation et que l'action commence. Le Christ de Selzach n'a pas la dignité et la majesté de Joseph Mayer, son rôle est presque muet, et il y a encore beaucoup de tableaux. Malgré ces détails, le spectacle, tel qu'il se déroule à Selzach est très beau, et il est bien fait pour attirer de nombreux visiteurs.

Comme à Ober-Ammergau, un coryphée s'avance avant chaque partie de la scène et explique ce qui va suivre. Puis le chœur des chanteurs et des chanteuses, drapés dans de riches manteaux aux couleurs variées et portant le diadème, chantent sur un rythme très simple, mais doux et pénétrant. L'orchestre manque peut-être un peu d'ampleur, mais le chant est très beau ; une jeune fille de la montagne, qui fait tous les solis, a une voix superbe.

Après ce prologue, les anges se retirent deux à deux de chaque côté de la scène et l'action commence.

C'est d'abord Caïphe et le Sanhédrin assemblés qui complotent la mort de Jésus. Le Grand Prêtre est revêtu d'un costume splendide qu'il porte avec dignité, il remplit son rôle avec beaucoup d'aisance ; il est hypocrite, insinuant, hautain, dominateur, et il ne le cède en rien au bourgmestre Lang. L'adieu de Béthani est un tableau vivant, mais bien vivant et très touchant ; la Cène est un autre tableau copié sur la Cène d'Ober-Ammergan, et de Léonard de Vinci. C'est ensuite l'agonie de Jésus sur le mont des Oliviers ; la Trahison de Judas ; Jésus devant Caïphe ; Jésus devant Pilate.

Cette scène est encore très belle. Pilate paraît sur son balcon en vrai Gouverneur romain ; il en a la majesté et la grandeur, et il représente bien le Pilate de l'Evangile. Il hait les Juifs et il voudrait être juste et bienveillant pour Jésus ; il hésite, il tremble ; il tâche d'attendrir le peuple par le supplice de la flagellation ; mais vains efforts, le peuple est gagné par le Grand Prêtre, Barrabas est préféré à Jésus, et Pilate cède à la peur ; il livre Jésus et se lave les mains, comme s'il pouvait effacer la tache éternelle qui flétrit son nom.

Deux tableaux nous donnent la Flagellation et le Couronnement d'épines. Jésus est attaché à la colonne, les bourreaux le flagellent et lui enfoncent une lourde couronne d'épines. Puis, c'est le chemin de la croix ; Jésus qui rencontre sa mère ; le Crucifiement ; la Mort de Jésus. Tous ces tableaux sont saisissants.

C'est ensuite la Descente de croix ; la Déposition au tombeau ; la Résurrection et l'Ascension. Le Christ s'élève vers le ciel au milieu des Anges qui sonnent de la trompette et proclament son triomphe. Une vive flamme de bengale donne à toute cette scène une belle couleur d'or : c'est une magnifique apothéose !

Il est cinq heures quand la représentation est terminée ; l'attention respectueuse de l'auditoire se maintient sans faiblir ; et comme il est défendu d'applaudir pendant l'action, les ovations frénétiques se font entendre à la chute du rideau.

Comment de simples paysans peuvent-ils remplir des rôles aussi difficiles ? Comment peuvent-ils avoir cette dignité et la science consommée de véritables acteurs ?

C'est la foi seule qui inspire les acteurs d'Ober-Ammergan, et c'est encore la foi qui inspire ceux du petit village de Selzach, perdu dans un coin de la Suisse, et hier encore inconnu. Les tout petits enfants de deux à trois ans font leurs débuts sur les bras de leurs mères ; le petit Moïse qui tendait si gentiment les bras à la fille de Pharaon était ravissant. Un jour il siègera parmi les Sanhédrins, où il sera peut-être un Apôtre.

Je sors tout émue, et j'ai encore des larmes dans les yeux en quittant la scène. Courage, bons habitants de Selzach, continuez à nous donner des représentations de la Passion du Sauveur ; continuez à évangéliser cette foule ignorante et incrédule ; continuez à nous tracer l'exemple, et à relever la Croix, que la franc-maçonnerie et l'impiété cherchent en vain à abattre !

Evaux-les-Bains, 17 août.

Ma longue promenade à travers l'Europe est terminée.

Je remercie Dieu qui m'a donné la santé, la force, et qui m'a gardée de tout accident. Et à mes nombreux amis qui m'ont suivie dans cette grande pérégrination, je demande pardon d'avoir abusé si longtemps de leur patience.

Après tout, c'est votre faute. Vous avez ouvert la porte à mon humeur vagabonde ; vous avez flatté et encouragé une passion dominante ; une fois la digue ouverte, le flot n'a pu s'arrêter.

Encore une fois merci. Merci de votre attentive bienveillance, et laissez-moi terminer mon trop long récit comme un sermon de notre curé : A revoir au Ciel !...

Imprimerie Herbin, Montluçon.

www.ingramcontent.com/pod-product-compliance
Lightning Source LLC
Chambersburg PA
CBHW070631170426
43200CB00010B/1973